AF258609

ASSOCIATION NATIONALE FRANÇAISE
POUR LA
[PROTE]CTION LÉGALE DES TRAVAILLEURS

LES ACTIONS EN JUSTICE

Nées de la Loi du 10 Juillet 1915

SUR LE

Minimum de salaire

PAR

Albert TISSIER

Professeur à la Faculté de Droit de l'Université de Paris

———·———

FÉLIX ALCAN
MARCEL RIVIÈRE
ÉDITEURS

NOUVELLE SÉRIE, N° 12

PRIX : 1 FRANC

COMITÉ DIRECTEUR DE L'ASSOCIATION

Paul GAUWÈS, doyen honoraire de la Faculté de Droit de l'Université deParis, président honoraire de l'Association.

A. MILLERAND, député, ancien ministre, président.

Ed. BRIAT, secrétaire général de la Chambre consultative des Associations ouvrières de production, membre du Conseil supérieur du travail et de la Commission supérieure du travail dans l'industrie, vice-président.

A. LIEBAUT, ingénieur, membre du Comité consultatif des arts et manufactures et de la Commission supérieure du travail dans l'industrie, vice-président.

Raoul JAY, professeur à la Faculté de Droit de l'Université de Paris, membre du Conseil supérieur du travail, secrétaire général.

Léon de SEILHAC, publiciste, délégué permanent du service industriel et ouvrier du *Musée social*, trésorier.

Georges ALFASSA, ingénieur civil, E. C. P.

Louis BARTHOU, député, ancien président du Conseil des Ministres.

Adéodat BOISSARD, professeur à la Faculté libre de Droit de Paris.

François FAGNOT, enquêteur à l'*Office du travail*.

Arthur FONTAINE, directeur du Travail au Ministère du Travail et de la Prévoyance sociale.

Arthur GROUSSIER, député.

Auguste KEUFER, délégué permanent de la Fédération française des Travailleurs du Livre.

Abbé LEMIRE, député.

André LICHTENBERGER, directeur-adjoint du *Musée social*.

Henri LORIN, ancien élève de l'École Polytechnique.

Etienne MARTIN-SAINT-LÉON, bibliothécaire du *Musée social*.

Comte A. de MUN, député.

C. PERREAU, ancien député, professeur à la Faculté de Droit de l'Université de Paris.

Eug. PETIT, docteur en Droit, ancien chef du cabinet du ministre du Commerce.

Paul STRAUSS, sénateur, membre de l'Académie de médecine.

Paul PIC, professeur à la Faculté de Droit de l'Université de Lyon.

Ivan STROHL, industriel.

Edouard VAILLANT, député.

SIÈGE SOCIAL : 5, rue Las-Cases, PARIS, VIIe

ASSOCIATION NATIONALE FRANÇAISE
POUR LA
PROTECTION LÉGALE DES TRAVAILLEURS

LES ACTIONS EN JUSTICE

Nées de la Loi du 10 juillet 1915

SUR LE

Minimun de salaire

RAPPORT

DE

M. Albert TISSIER

Professeur à la Faculté de droit de l'Université de Paris

Compte-rendu des discussions

PARIS

LIBRAIRIE FÉLIX ALCAN	MARCEL RIVIÈRE et Cie
MAISONS FÉLIX ALCAN & GUILLAUMIN réunies	LIBRAIRIE des SCIENCES POLITIQUES & SOCIALES
108, BOULEVARD SAINT-GERMAIN, 108	31, RUE JACOB, 31

1916

LES ACTIONS EN JUSTICE

Nées de la Loi du 10 Juillet 1915

Sur le Minimum de Salaire

————— •◆• —————

Assemblée générale du 13 décembre 1915

Présidence de M. MILLERAND

RAPPORT DE M. Albert TISSIER

Professeur à la Faculté de Droit de l'Université de Paris

MESDAMES, MESSIEURS,

L'objet de cette réunion est l'examen d'une partie, encore très obscure, de la loi du 10 juillet dernier sur le minimum de salaire des ouvrières à domicile dans l'industrie du vêtement ; il s'agit des actions en justice auxquelles peut donner naissance la loi nouvelle. C'est une matière ingrate et difficile. Il ne s'agit plus de défendre une grande réforme, de plaider pour une cause juste et émouvante. Ce sont les difficultés d'application de la loi qu'il faut étudier ; ce sont des questions de droit pratique, des questions de procédure, qu'il faut résoudre. Et il faut faire cette étude sans plus attendre, malgré toutes les émotions et toutes les angoisses de l'heure présente. Cette loi est de celles que le législateur devait voter malgré la guerre, et même, peut-on dire, par suite de la guerre. Les travaux à domicile étaient rendus plus nombreux par les commandes de l'autorité militaire ; la loi devenait plus urgente et plus nécessaire, en vue de réprimer de graves abus. Il faut aujourd'hui assurer son application.

Je rappellerai en quelques mots le système de la loi promulguée le 10 juillet dernier : un minimum de salaire est garanti aux ouvrières à domicile dans l'industrie du vêtement. Ce minimum est déterminé, d'une part par les comités de salaire qui fixent, dans chaque région, le salaire que doit gagner par heure une ouvrière d'habileté moyenne, d'autre part par des comités professionnels d'expertise qui fixent le nombre d'heures nécessaire pour l'exécution des travaux en série pour les différents articles et les diverses catégories d'ouvrières. En cas de contestation, les décisions des comités de salaire et des comités professionnels d'expertise servent de base aux conseils de prud'hommes, ou aux juges de paix quand il n'y a pas de conseils de prud'hommes, pour les jugements à rendre. Dans l'hypothèse où les tarifs fixés ne s'appliquent pas, c'est-à-dire quand il s'agit de travaux exécutés à la pièce pour lesquels il n'y a pas de tarif, qui ne sont pas compris dans les travaux de série, les conseils de prud'hommes peuvent consulter les comités professionnels d'expertise pour l'évaluation du temps nécessaire à leur exécution.

Si le salaire minimum ainsi fixé n'est pas payé, il n'y a pas de peine encourue ; la loi n'a pas établi de sanction pénale pour le cas de paiement d'un salaire inférieur au salaire légal ; mais il y a une action en paiement de la partie du salaire qui était due et qui n'a pas été payée. De plus, il peut y avoir lieu à dommages-intérêts.

La loi ne s'est pas contentée d'établir des règles sur le paiement d'un minimum de salaire, elle établit encore une série d'obligations accessoires imposées à tous les fabricants, entrepreneurs, commissionnaires, intermédiaires qui font travailler à domicile, et destinées à assurer l'application des règles principales sur le minimum de salaire. Je les rappelle brièvement. Il y a tout d'abord obligation de prévenir l'inspecteur du travail, de tenir un registre qui indique les noms et adresses des ouvrières, d'afficher les prix de façon pour les articles qui sont faits en série, d'une part dans les locaux d'attente, d'autre part dans les locaux où se fait la remise des matières premières et la réception des travaux. Puis, il faut encore que l'entrepreneur ou intermédiaire remette à l'ouvrière un bulletin à souche ou un carnet sur lequel il indique, au moment de la remise du travail, la date de cette remise, la nature et la quantité du travail, les fournitures imposées à l'ouvrière, le prix net de façon qui ne peut être inférieur au prix qui a été affiché. Lorsque le travail sera rapporté par l'ouvrière, on inscrira sur le bulletin ou sur le carnet la date de la livraison, la rémunération de l'ouvrière, les frais qui sont laissés à sa charge, la somme qui lui est payée. Toutes les mentions qui figurent sur les bulletins ou les carnets doivent être reportées sur les souches des bulletins, ou sur un registre d'ordre. Enfin, ces souches et registres doivent être conservés pendant un an et tenus pendant ce temps à la disposition des inspecteurs du travail.

Ces différentes obligations ne sont pas sanctionnées seulement par des actions ordinaires devant les conseils de prud'hommes ou les juges de paix; des peines de simple police et des peines correctionnelles, en cas de récidive, sont encourues s'il y a omission des obligations établies par la loi ou inexactitude des mentions écrites sur les bulletins, souches, carnets ou registres.

J'aurai achevé d'exposer sommairement la loi quand j'aurai indiqué deux règles capitales qui complètent ce système. Le droit d'agir en cas d'inobservation de la loi est donné non seulement aux ouvrières intéressées, mais de plus à des syndicats professionnels de la région et à des associations spécialement autorisées à cet effet. Enfin toute convention contraire à la loi est frappée de nullité. Le texte dit : « Toutes conventions contraires aux dispositions de la présente section sont nulles et de nul effet. »

Ces observations préliminaires présentées, examinons quelles sont les actions en justice auxquelles la loi peut donner naissance.

Je laisse de côté les recours qui peuvent être formés contre les décisions des comités de salaires et des comités professionnels d'expertise devant la commission centrale qui est organisée au ministère du Travail. Je laisse également de côté les recours qui peuvent être formés devant le Conseil d'État contre les décisions administratives des préfets. Je laisse enfin de côté la poursuite possible du ministère public, en cas de contravention, devant les tribunaux de simple police ou de police correctionnelle.

Les points que je veux examiner sont les suivants : d'abord, les actions des ouvrières ; en second lieu les actions des syndicats ; en troisième lieu les actions des associations spécialement autorisées. Il ne me restera plus ensuite qu'à indiquer quelques difficultés de procédure que soulèvent ces actions.

I. — *Actions des ouvrières*

Envisageons en premier lieu les actions des ouvrières.

Les ouvrières intéressées peuvent agir suivant le droit commun pour demander l'application de toutes les dispositions de la loi. Elles peuvent agir soit devant les conseils de prud'hommes ou les juges de paix, soit, dans les hypothèses où il y a des sanctions pénales, devant les tribunaux de répression en se portant parties civiles.

A) Prenons tout d'abord leur droit d'agir devant les conseils de prud'hommes et les juges de paix. Je dis qu'elles peuvent, d'une façon générale, agir devant ces juridictions dans tous les cas où une disposition quelconque de la loi n'est pas observée. Elles peuvent agir, à la condition d'y avoir intérêt, pour demander à leur profit contre les fabricants, intermédiaires, entrepreneurs, etc., l'application de toutes les dispositions de la loi. Elles peuvent agir notamment, si le salaire affiché est inférieur au minimum garanti par la loi, pour faire rectifier les tarifs affichés.

L'action principale est, bien évidemment, celle qui a pour objet, en cas de paiement d'un salaire inférieur au minimum garanti, le paiement du reliquat, le redressement du compte et des dommages-intérêts, s'il y a lieu. L'ouvrière peut agir devant le conseil de prud'hommes ou le juge de paix, compétents, dit la loi « pour redresser tous comptes de salaires inférieurs au minimum défini aux articles précédents. » Elle peut agir contre tout fabricant, commissionnaire ou intermédiaire par le fait duquel « le salaire minimum n'a pu être payé. » Et la loi précise que « la différence constatée en moins entre le salaire payé et celui qui aurait dû l'être doit être versée à l'ouvrière insuffisamment rétribuée, sans préjudice de l'indemnité à laquelle l'employeur pourra être condamné au bénéfice de celle-ci. »

Pendant combien de temps l'ouvrière peut-elle agir pour demander l'application de la loi ? En principe, et sous réserve de la prescription de quinze jours établie par la loi nouvelle et sur laquelle je vais avoir à m'expliquer, l'ouvrière peut agir pendant six mois, suivant la règle du droit commun du Code civil, article 2271 : « l'action des ouvriers et gens de travail, pour le paiement de leur journée, fournitures et salaire, se prescrit par six mois. » Cette prescription, qui court du jour de de la remise du travail exécuté, s'applique, en principe, à l'action de l'ouvrière en paiement. S'applique-t'elle aussi à l'action en dommages-intérêts ouverte au cas où ces obligations n'ont pas été exécutées et où leur inexécution a pu faire obstacle au paiement du salaire minimum ? Après six mois, peut-on dire, le salaire est présumé payé ; l'article 2271 est basé sur une présomption légale de paiement. Tout est fini, on peut répondre qu'il ne s'agit pas de l'action en paiement, mais d'une action en dommages-intérêts pour le préjudice causé par une faute ; l'inobservation de la loi a pu paralyser l'action en paiement ; l'article 2271 ne s'applique pas.

A côté de la prescription de droit commun, il y a une prescription spéciale établie par la loi nouvelle dans son article 33, j. « Les réclamations des ouvrières, dit la loi, touchant le tarif appliqué au travail par elles exécuté, ne sont recevables qu'autant qu'elles se sont produites quinze jours au plus tard après le paiement de leur salaire. » Quelle est au juste la portée de cette prescription ?

Une ouvrière qui a reçu un salaire insuffisant et qui reste quinze jours sans réclamer ne peut plus demander le complément du salaire insuffisant qui lui a été payé.

Elle ne peut plus fairé de réclamations contre le tarif appliqué au travail exécuté et payé. Ceci est entendu, mais voici où commence la difficulté.

Cette ouvrière, pour les autres travaux qu'elle va faire, pour les autres paiements qu'elle va recevoir et qui seront, eux aussi, je le suppose, inférieurs au salaire minimum, pourra-t.elle encore réclamer, agir en justice ? Pourra-t-on lui objecter qu'elle a laissé passer 15 jours à partir du premier paiement qui lui a été fait et que, dès lors, elle ne peut plus critiquer le tarif appliqué ? La prescription établie dans l'article 33, *j*, éteint-elle seulement l'action ouverte à l'ouvrière pour demander le complément du salaire, ou bien éteint-elle aussi les actions à venir pour les paiements insuffisants qui seraient faits par application des mêmes tarifs à des travaux identiques ?

Il semblerait, à lire les travaux préparatoires, et notamment le premier rapport fait à la Chambre, qu'on ait eu la pensée que, lorsqu'un tarif a été appliqué à une ouvrière et qu'elle elle a reçu un paiement conforme à ce tarif et inférieur, je le suppose, au minimum de salaire, ce tarif devient incontestable à son égard pour l'avenir, en ce qui concerne des travaux identiques. Le tarif se trouve, en quelque sorte, purgé du vice qui l'entachait; on ne peut plus le critiquer; tant que l'ouvrière continuera à faire des travaux identiques aux premiers, elle recevra un paiement identique, conforme au tarif qui lui a été appliqué une première fois et contre lequel elle n'a pas protesté dans la quinzaine.

On a dit, à l'appui de cette interprétation, qu'il faut, au début d'une saison, que les patrons sachent très vite à quoi s'en tenir. Ils ont des contrats à passer à l'étranger : il faut qu'ils sachent quels salaires ils auront à payer, il faut qu'au bout de quinze jours après le premier paiement, le tarif soit fixé définitivement.

Je ne suis pas très sûr que cette interprétation ait été soutenue ; elle semble résulter du rapport qui a été fait en 1913 à la Chambre des Députés. Je m'empresse de dire que je ne crois pas qu'elle puisse être admise.

J'estime que chaque paiement inférieur au salaire minimum garanti donne ouverture à une action nouvelle pour laquelle il faut qu'il y ait une prescription nouvelle. Une ouvrière qui ne peut plus réclamer contre le premier paiement qu'elle a reçu, qui a laissé passer quinze jours, pourra réclamer contre le second paiement fait d'après le même tarif quinze jours après, ou contre le troisième paiement fait un mois après.

Je considère que le texte, bien qu'il soit obscur, est favorable à cette interprétation. Il dit : « Les réclamations des ouvrières touchant le tarif appliqué au travail par elle exécuté. » Il ne vise donc pas le travail à exécuter dans l'avenir. Le texte ajoute : « ... ne sont recevables qu'autant qu'elles se sont produites au plus tard quinze jours après le paiement de leur salaire. » On ne dit pas « le premier paiement. » On vise chaque paiement.

Mais quand même le texte ne serait pas favorable à l'opinion que je soutiens, quand même il y aurait une obscurité, je dis que les principes de droit commun ne permettent pas de douter de la solution. D'après les principes généraux, en matière de prescription, une action ne peut pas se prescrire avant d'être née, avant d'exister ; la prescription éteint des actions nées, non des actions à naître. Or, chaque paiement inférieur au minimum de salaire donne lieu à une action nouvelle qui ne peut être prescrite avant d'être née. Vainement, on objecterait que l'ouvrière a accepté l'application d'un tarif et qu'il y a une déchéance qui au bout de quinze jours frappe l'ouvrière si elle n'a pas réclamé contre le tarif appliqué ; ce tarif est devenu définitif. La loi n'admet pas de convention contraire à ses dispositions, de renonciation anticipée à l'action en paiement, du minimum de salaire. Et il s'agit ici d'une nullité d'ordre public. Or, il est de principe élémentaire qu'il n'y a pas de prescription possible contre le droit de demander la nullité d'une convention ou d'une renonciation, quand cette nullité est d'ordre public. Or, il est de principe élémentaire qu'il n'y a pas de prescription possible contre le droit de demander la nullité d'une convention ou d'une renonciation, quand cette nullité est d'ordre public. On ne perd pas, par prescription, le droit de demander la nullité d'un acte, si elle est d'ordre public. C'est une impossibilité juridique. Un tarif nul, d'une nullité d'ordre public, ne peut devenir valable après quinze jours. On ne peut donc supprimer par avance la nullité d'actes faits par application de ce tarif et contraires à une loi d'ordre public. On ne peut acquérir, par une prescription de quinze jours, le droit d'appliquer pendant je ne sais combien de temps un tarif illégal.

En fait d'ailleurs, je crois qu'avec la loi, telle qu'elle est faite maintenant, les employeurs ne courent vraiment aucun risque, aucun danger. Il leur est facile de savoir quel est le tarif minimum. Dans le système du projet qui avait été voté, en 1913, à la Chambre, il y avait sur ce point quelque obscurité. Les patrons n'avaient pas la facilité de se rendre compte tout de suite des chiffres du salaire minimum ; mais avec le système actuel il est très facile aux employeurs de savoir, au début d'une saison, quel est le salaire minimum qu'ils auront à payer.

B) Les ouvrières lésées par l'inobservation de la loi ont de plus, ai-je dit, la possibilité d'intenter une action devant les tribunaux de répression, dans les cas où la loi a établi des prescriptions sanctionnées par des peines de simple police. Elles peuvent se porter parties civile devant le tribunal de simple police, et, en cas de réci dive, devant le tribunal correctionnel. Elles peuvent agir, soit directement, en citant les fabricants, entrepreneurs ou intermédiaires, coupables d'avoir violé la loi ou de l'avoir mal appliquée et en demandant la réparation du dommage qui a pu leur être causé, soit par voie d'intervention si c'est le ministère public qui prend l'initiative de la poursuite. Aucune difficulté sur ce point.

La question qui peut présenter quelque doute est, ici encore, celle de la prescription. En matière de contravention de simple police la prescription est d'un an, mais une ouvrière qui a perdu, par la prescription de six mois, le droit d'exercer une action relativement au paiement de son salaire, peut-elle agir devant le tribunal de simple police après six mois ? n'a-t-elle pas perdu, la possibilité d'entamer toute action, même devant le tribunal répressif. On peut soutenir, je l'ai dit, que la prescription de six mois ne s'applique pas à l'action en dommages-intérêts ouverte au cas d'inobservation des prescriptions accessoires de la loi, sanctionnées de peines de simple police. Si on écarte ainsi la prescription de l'art. 2271 C. civ , les ouvrières lésées pourront agir en simple [police tant que l'action publique ne sera pas prescrite.

II. — *Actions des Syndicats professionnels.*

Je passe à l'examen du droit d'agir des Syndicats professionnels.

Le législateur a pensé avec grande raison que l'action individuelle des ouvrières serait difficile et rare ; il a voulu, pour assurer l'application de la loi, armer les Syndicats professionnels et des associations. La loi nous dit que les Syndicats professionnels existant dans la région pour les industries visées à l'article 33, même s'ils sont composés en totalité ou en partie d'ouvriers travaillant en atelier, pourront agir contre les employeurs, fabricants, commissionnaires, entrepreneurs, intermédiaires quelconques, en cas d'inobservation de la loi. « Ils pourront exercer une action civile, dit le texte, basée sur l'inobservation de la présente loi, sans avoir à justifier d'un préjudice. » Et la loi ajoute : « La disposition qui précède ne porte point atteinte aux droits reconnnus par les lois antérieures aux Syndicats professionnels. »

Quel est le sens de l'expression : « Une action civile » ? Les travaux préparatoires sont très obscurs sur ce point. Appliquons le droit commun ; l'action civile, c'est aussi bien l'action civile ordinaire, devant les conseils de prud'hommes et les juges de paix, que l'action civile proprement dite, celle qui peut être formée devant les tribunaux de répression, l'action civile s'entendant ici par opposition à l'action publique.

Je crois bien qu'il faut interpréter ces mots : « action civile » en ce sens : les Syndicats peuvent agir, d'abord par l'action ordinaire en exécution de la loi devant les conseils de prud'hommes et les juges de paix ; de plus, ils peuvent agir devant les tribunaux de répression en se portant partie civile. C'est ce qu'admettaient déjà pour les Syndicats les lois sur la répression des fraudes de 1907 et 1908 (1).

A) Les Syndicats d'ouvrières à domicile peuvent d'abord agir, par action civile ordinaire, devant les conseils de prud'hommes ou les juges de paix. Le Syndicat exerce ici une action autre que celle des ouvrières. Il résulte très nettement de la discussion qui a eu lieu à la Chambre des Députés, ce point ne peut plus être contesté aujourd'hui, que le Syndicat exerce une action qui lui est propre.

Suivant le droit commun, le Syndicat agira dans tous les cas où il aura un intérêt légitime à agir. Ici, il ne s'agit pas de justifier d'un dommage, d'un préjudice. Nous sommes devant les conseils de prud'hommes, il faut appliquer le principe général de procédure, d'après lequel il suffit d'avoir un droit et un intérêt pour avoir une action. Les Syndicats pourront agir pour faire respecter les intérêts professionnels des ouvrières à domicile, pour obtenir l'exécution de la loi dans tous les cas où il y a, soit un intérêt commun à toutes les ouvrières ou à plusieurs, soit un intérêt professionnel, corporatif du Syndicat. Ils pourront, si l'on se place à ce point de vue, agir dans tous les cas où la loi ne sera pas observée, quelle que soit la disposition de la loi qui ne soit pas respectée, par exemple, lorsque les fabricants ou intermédiaires ne préviennent pas l'inspecteur du travail, ne tiennent pas les registres prescrits, ne rédigent pas exactement les bulletins à souches ou carnets, n'affichent pas les tarifs comme le veut la loi. Ils ont aussi le droit d'agir — et j'aborde ici un point qui est spécialement difficile — si un employeur affiche dans les locaux indiqués par la loi

____

(1) L. 29 juin 1907, art. 9; L. 5 août 1908, art. 2. — Voy. aussi la loi du 9 novembre 1915 sur la réglementation de l'ouverture de nouveaux débits de boissons (art. 14).

un tarif qui n'est pas conforme au tarif minimum résultant des décisions des comités. Pourquoi attendre qu'il y
ait eu paiement d'un salaire inférieur au minimum légal?
Il y a une atteinte portée aux droits et intérêts communs.
des ouvrières, aux droits et intérêts de la profession;
les Syndicats peuvent agir sans qu'on puisse objecter
qu'ils n'éprouvent directement aucun dommage.

Sans doute, il serait facile de soutenir qu'un dommage
est toujours causé au syndicat par des actes pouvant avoir
pour effet l'abaissement des salaires; mais il n'est pas.
nécessaire ici de parler de dommage causé. Il faut bien
observer que le Syndicat agit ici surtout pour faire appliquer la loi et non pour demander des dommages-
intérêts; il agit pour faire constater l'insuffisance du tarif
affiché, et demander qu'à la fixation illégale du tarif soit.
substituée une fixation légale; il agit pour faire reconnaître
et faire respecter des droits contestés. C'est le but général.
des actions en justice.

Quelle sera la sanction? Ce sera celle que les tribunaux savent bien appliquer chaque fois que cela est
nécessaire, je veux dire la sanction des astreintes. L'employeur sera condamné à rectifier le tarif qu'il a affiché illégalement dans un délai déterminé, à peine de
dommages-intérêts qui seront fixés à tant par jour ou
par semaine. Le tribunal pourra encore, en dehors des
astreintes, ordonner l'affichage du jugement, son insertion dans les journaux.

Supposons, maintenant, que le tarif affiché soit bien
celui prévu par la loi, mais que la somme payée soit
inférieure à la somme due, ou bien que l'affichage d'un
tarif illégal ait été suivi du paiement d'un salaire illégal.
C'est une question très embarrassante que de savoir quels
sont les droits des Syndicats dans cette hypothèse où ils
apprennent que des ouvrières ont reçu un salaire

inférieur au minimum légal. Les ouvrières n'agissant pas — c'est un cas qui se produira fréquemment — le Syndicat pourra-t-il agir ? Je crois qu'il faut l'admettre. Le Syndicat peut non seulement demander des dommages-intérêts pour l'atteinte portée aux droits communs ou aux droits professionnels, des réparations par voie d'affichage ou d'insertion ; il peut aussi et surtout demander au tribunal d'ordonner à l'employeur de payer aux ouvrières lésées leurs salaires complets ? On peut objecter, évidemment, qu'il s'agit ici d'une action purement individuelle, que les ouvrières ont le droit d'agir ou de ne pas agir, que le Syndicat ne peut pas, par suite, faire prononcer des condamnations au profit des ouvrières. Mais on peut répondre : il ne s'agit pas d'action individuelle, le Syndicat ne demande pas une condamnation au profit de telle ou telle ouvrière déterminée. Il agit en vertu de l'action qui lui est propre pour demander l'application de la loi sans viser telle ou telle ouvrière, pour demander le paiement du salaire garanti par la loi à l'ensemble des ouvrières qui n'ont reçu qu'un salaire inférieur. Voilà un Syndicat qui constate que, dans une commune, il y a cent ouvrières qui ont reçu un salaire inférieur au minimum garanti ; il demande au Conseil de prud'hommes qu'il soit imparti à l'employeur un délai pour compléter le salaire qui n'a pas été payé intégralement.

Ici encore, la sanction des astreintes ne peut-elle pas se concevoir ? Ne peut-on pas concevoir que le Conseil de prud'hommes impartisse un délai à l'employeur ? Sera-t-il impossible de vérifier si le jugement a été exécuté ? Je crois qu'il n'y a pas d'impossibilité juridique à admettre cette solution (1); et il semble bien que le législateur a ainsi compris la portée de la loi nouvelle.

---

(1) Voyez un arrêt de la Cour de Lyon du 10 mars 1908, SIREY, 1910, 2. 49, dans un cas de contrat collectif.

Ces droits que les Syndicats ont ainsi reçus de la loi sont-ils des droits nouveaux ou bien n'y a-t-il pas là seulement une application précise de droits anciens ? Je serais très disposé, pour mon compte, à considérer que tout cela n'est pas nouveau. que les Syndicats professionnels avaient déjà tous ces droits et que, même si la loi ne l'avait pas dit, ils les auraient aussi bien. A vrai dire, il n'y a pas, ici dans la loi, d'innovations, il y a la précision. la mise hors de contestation et hors de controverse de droits qui appartenaient déjà aux Syndicats. Les Syndicats d'ouvrières à domicile ont, d'une façon générale, le droit d'exercer toutes les actions qui ont pour objet la protection d'intérêts communs aux syndiqués ou la protection d'intérêts corporatifs.

Les observations qui précèdent ne s'appliquent pas aux syndicats d'ouvriers travaillant en atelier ; ils peuvent agir en justice pour défendre les droits des ouvrières à domicile ; leur droit d'action se rapproche beaucoup de celui donné aux associations (*in fine* § III.)

B) Les Syndicats peuvent également agir devant les tribunaux de répression ; dans les hypothèses ou un employeur peut être poursuivi parce qu'il n'a pas observé les prescriptions de la loi, le Syndicat peut se porter partie civile. Il peut poursuivre directement, par citation directe, ou bien il peut intervenir, si c'est le ministère public qui a commencé la poursuite.

« Il pourra agir par action civile, dit le texte, sans avoir besoin de prouver qu'il a subi un préjudice. » A vrai dire, il y a toujours un certain dommage, une certaine atteinte portée aux intérêts professionnels si la loi n'est pas observée. Le préjudice existe légalement, d'après l'article 33, *k*. Il est légalement présumé : il résulte de la discussion qui a eu lieu, à la Chambre des députés, que, sur ce poin on a voulu donner aux

2

Syndicats les droits qui ont été formulés par l'arrêt des Chambres réunies du 5 avril 1913, lequel arrêt dit qu'il suffit qu'il y ait une atteinte aux intérêts professionnels, sans qu'on fasse la preuve d'un dommage particulier. Le Syndicat demandera au juge de simple police de réprimer l'infraction commise et de condamner l'employeur à des dommages-intérêts ou simplement à une réparation par voie de publicité du jugement (affichage ou insertion).

C) L'action des syndicats, soit devant les prud'hommes, soit devant les tribunaux de repression, sera soumise, — il n'y a pas de texte sur ce point, — à la même prescription que l'action des ouvrières. La loi n'a pas prévu l'hypothèse. Je crois que les règles de prescription sont les mêmes que pour les ouvrières. S'il en était autrement, les employeurs pourraient dire qu'ils n'ont pas une sécurité suffisante ; l'action des ouvrières étant éteinte, les syndicats pourraient encore réclamer à raison de l'inobservation de la loi ; il convient d'établir ici de courtes prescriptions.

La prescription sera donc, ici encore, en principe, une prescription de six mois, à partir de la remise des travaux et, dans le cas spécial du paiement d'un salaire insuffisant, une prescription de quinze jours à partir de la date du paiement. Je rappelle qu'on peut hésiter pour l'action en dommages-intérêts en cas d'inobservation de la loi et soutenir que la prescription de 6 mois ne s'applique pas.

III. — *Actions des associations autorisées*

J'arrive maintenant à l'action des associations. Ici, nous avons une grande innovation. Pour mieux assurer le respect de la loi, on a donné à des associations autorisées à cet effet par décret le droit d'agir, soit qu'il s'agisse d'associations déjà existantes et qui ont pour objet la protection ouvrière, par exemple la grande et bienfaisante Ligue sociale d'acheteurs, soit qu'il s'agisse d'associations qui, dans l'avenir, seront spécialement créées pour assurer l'application de la loi nouvelle.

Les associations autorisées à cet effet, dit la loi, par décret rendu sur la proposition du Ministre du Travail, peuvent exercer une action civile basée sur l'inobservation de la présente loi, sans avoir à justifier d un préjudice. Elles pourront, elles aussi, agir devant les conseils de prud'hommes ou les juges de paix, et devant les tribunaux de répression.

Mais il est à remarquer que cette action donnée aux associations est d'une nature toute spéciale. Il ne s'agit plus ici, en effet, d'associations qui défendent les droits de leurs membres ou les intérêts de la profession, de la corporation ; il s'agit d'associations à but désintéressé, d'associations qui ne défendent pas leurs droits propres ni ceux de leurs membres, mais le droit d'autrui. Elles ont pour but la protection des ouvrières à domicile, le paiement du minimum légal de salaire. C'est à elles surtout que va s'appliquer la formule de la loi : « Sans avoir à justifier d'un préjudice ». Elles ont reçu de la loi un mandat public. Ce ne sont plus les règles ordinaires des actions en justice qui s'appliquent ici. L'action est donnée à un autre que celui qui a un droit et un intérêt.

A) Les associations pourront agir d'abord par l'action civile ordinaire devant les conseils de prud'hommes pour faire observer la loi, par exemple, dans le cas où un tarif aura été affiché qui sera inférieur au minimum garanti ; elles pourront agir lorsqu'un salaire aura été payé qui sera inférieur au minimum de salaire, elles pourront, non seulement demander des dommages-intérêts et des réparations, mais réclamer l'observation de la loi, avec la sanction des astreintes, sans d'ailleurs pouvoir obtenir de condamnation au profit de telle ou telle ouvrière personnellement. On ne peut discuter ici comme au cas du syndicat qui exerce l'action syndicale. On a voulu ici armer les associations autorisées par décret afin qu'elles puissent imposer l'application de la loi comme pourrait le faire le ministère public s'il avait le droit d'agir au civil.

B) Les associations autorisées par décret peuvent aussi agir en simple police par citation directe ou par voie d'intervention.

Ce droit d'action des associations est un précédent heureux et considérable. Depuis bien longtemps on demande en France que des associations à but désintéressé puissent poursuivre directement la répression de certaines infractions. On a demandé cela pour les ligues de protection de l'enfance, pour les ligues contre la licence des rues, et d'autres encore. Jusqu'ici, toutes les campagnes, tous les efforts pour obtenir ce droit avaient échoué (1).

On a dit avec raison que les associations, dans le système de la loi nouvelle, sont en quelque sorte un minis-

---

(1) La loi du 9 novembre 1915 relative à la réglementation de l'ouverture de nouveaux débits de boissons donne le droit d'agir comme parties civiles aux associations constituées pour la lutte contre l'alcoolisme ayant obtenue la reconnaissance d'utilité publique (art. 14).

tère public adjoint ; elles viennent, au nom de l'ordre public, faire régner l'honnêteté dans le travail, demander l'application de la loi et la réparation des dommages causés.

C) Pour les associations comme pour les syndicats, la loi n'a pas fixé la prescription des actions. Il y a lieu, je crois, d'admettre les solutions déjà indiquées.

IV. — *Questions de procédure*

Il me reste à signaler quelques difficultés de procédure que présente l'exercice de ces actions en justice.

A) La procédure devant les conseils de prud'hommes ou en simple police est extrêmement simple; il n'y a sur ce point aucune explication à donner. Devant le conseil de prud'hommes, les règles sont établies par la loi du 27 mars 1907; il y a, tout d'abord, une tentative de conciliation devant le bureau de conciliation ; c'est une lettre du conseil des prud'hommes qui appelle les parties ; à défaut de conciliation, il y a une citation par lettre recommandée ou par un acte d'huissier. Aucune autre procédure. Simple débat oral à l'audience, et jugement susceptible d'appel au-dessus de 300 francs.

La procédure devant le conseil de prud'hommes est d'ailleurs peu coûteuse. Les actes sont visés pour timbre et enregistrés en debet. Et de plus je rappelle — le renseignement a son importance — que l'assistance judiciaire est toujours possible devant tous les tribunaux ; elle peut être accordée non seulement aux ouvrières, mais aux syndicats et aux associations qui se trouvent sans ressources suffisantes pour engager une action.

B) La loi sur les prud'hommes, dans son article 26, limite d'une façon étroite la représentation des parties.

Celles-ci ne peuvent pas se faire représenter librement par n'importe quel mandataire ; la loi veut que les parties comparaissent en personne, et qu'en cas d'empêchement ou de maladie, le mandataire soit un autre patron, ouvrier ou employé de la même profession ou bien un avocat ou un avoué. Les syndicats ou associations sont représentés par leurs présidents ou par ceux que leurs statuts investissent du pouvoir de les représenter en justice. Ces représentants des syndicats ou associations peuvent à leur tour se faire représenter par un de leurs employés, ou par un avocat ou avoué.

La difficulté s'est élevée de savoir si les syndicats ne pourraient pas être chargés, comme mandataires, de représenter les ouvrières en justice, dans les actions individuelles des ouvrières. On a discuté bien souvent la question générale de savoir si un syndicat peut recevoir un mandat de représenter un individu en justice. La question ne se pose pas, je crois, pour les conseils de prud'hommes ; la loi limite ici d'une façon très spéciale et très étroite la représentation. Les syndicats, en principe, ni les associations ne peuvent pas y recevoir de mandats. Mais ils peuvent, d'une façon officieuse, organiser eux-mêmes la représentation des ouvrières et la confier à des personnes de leur choix.

Les règles ci-dessus ne s'appliquent pas devant les tribunaux de simple police. Ici, le problème reparaît de savoir si un syndicat ne pourrait pas être chargé de représenter une ouvrière. Je ne veux pas reprendre la question. Le Conseil d'Etat a admis, dans un arrêt du 28 décembre 1906, qu'un syndicat peut représenter un syndiqué en justice. Je crois que, tant que la loi n'aura pas été changée, il sera difficile d'admettre qu'un syndicat puisse recevoir un mandat pour représenter un ouvrier exerçant en justice une action purement individuelle. La question n'a pas d'ailleurs un gros intérêt.

C) Voici un autre point que je signale à votre examen : L'article 33 *k* impose aux syndicats et aux associations l'obligation de fournir une caution, si le défendeur le requiert, pour le paiement des frais et dommages auxquels ils pourraient être condamnés, à moins qu'ils ne possèdent en France des immeubles d'une valeur suffisante pour assurer le paiement.

En ce qui concerne les associations, le texte s'applique sans aucune difficulté. Les associations spécialement autorisées à agir en justice seront tenues de fournir une caution. Mais je ne suis pas très sûr que la règle s'applique aux syndicats. Sans doute le texte semble bien général. Mais la loi ajoute : « La disposition qui précède ne porte point atteinte aux droits reconnus par des lois antérieures aux syndicats ». Or, ces derniers pouvaient déjà, avant la loi actuelle, agir en justice, soit devant les tribunaux de simple police, soit devant les conseils de prud'hommes pour défendre les intérêts communs de leurs membres et les intérêts professionnels ; je ne crois donc pas qu'ils doivent être tenus de donner caution. On ne devra en tous cas les y obliger que dans les cas où on admettra que la loi nouvelle leur a donné un droit qu'ils n'avaient pas auparavant. On peut penser qu'il en est ainsi dans le cas où un syndicat d'ouvriers travaillant en atelier agit pour défendre les droits des ouvrières à domicile.

D) J'ai signalé quelques difficultés dans l'interprétation de la loi. D'autres se présenteront au fur et à mesure que l'application de la loi s'étendra. Il faut s'attendre à des résistances, à des mesures d'obstruction.

Par exemple, on a prévu, et cela est en effet à craindre que, pour échapper aux actions des ouvrières, des commerçants et des fabricants chercheront à donner leurs commandes à des entrepreneurs ou à des intermédiaires, sous forme d'entreprise à forfait, ce qui les soustrairait à l'application de la loi. Cette tentative d'obstruction, sera peut-être fréquente; mais les tribunaux, j'espère, sauront la déjouer. Dans bien des cas, ce sera une pure apparence que l'entreprise à forfait.

Au point de vue de la procédure, il faut s'attendre aussi à une obstruction fréquente, résultant des demandes reconventionnelles. Ici, comme dans les autres hypothèses où les Conseils de prud'hommes ont à juger, on verra souvent le défendeur se ménager, au moyen d'une demande reconventionnelle purement artificielle, un droit d'appel que la loi ne lui donne pas. Il serait à souhaiter que le législateur, sur ce point, établisse une disjonction, une séparation très nette entre les demandes principales et les demandes reconventionnelles et qu'il décide qu'une demande reconventionnelle ne peut jamais donner un droit d'appel dans une hypothèse où la loi l'a refusé.

L'examen de toutes ces difficultés que soulève l'application de la loi nouvelle est, vous le voyez, ardu, ingrat et parfois rebutant. Il est cependant nécessaire et urgent. Il faut voir derrière ces problèmes arides de procédure la réalité poignante des nombreuses misères auxquelles la loi a voulu remédier. La procédure, ici comme ailleurs, ne doit être autre chose que le chemin de la justice.

DISCUSSION

M. le Président. — M. le professeur Tissier vient de nous montrer que, quoiqu'il en ait dit, il n'est pas de question aride lorsqu'elle est clairement traitée par un homme compétent. Je suis certain d'être votre interprète à tous en lui adressant nos vifs remerciements.

Je vais donner la parole aux personnes qui la demanderaient, mais, auparavant, je vous demande la permission d'indiquer quelle pourrait être, selon moi, la méthode à suivre pour donner à la communication, que nous venons d'avoir le plaisir et le profit d'entendre, toute sa portée.

La loi du 10 juillet 1915 comporte deux innovations dont on ne peut guère exagérer l'importance : c'est la première fois que le minimum de salaire est introduit dans les rapports entre simples particuliers. Voilà la première des innovations. La seconde, c'est le droit accordé à des associations privées de jouer dans notre pays le rôle, comme le disait tout à l'heure M. le professeur Tissier, de ministère public adjoint, ou peut-être, plus exactement, de ministère public suppléant, car par une disposition assez curieuse, ces associations sont investies du droit d'agir précisément dans des espèces où le ministère public ne l'a pas. En l'absence de l'action publique, elles peuvent intenter des actions civiles pour faire respecter les intérêts du travail reconnus par la loi.

C'est dans le but de mettre en relief ces deux innovations considérables, que nous avons demandé à M. le professeur Tissier de vouloir bien vous exposer, comme il l'a fait, le mécanisme de la procédure, et ce n'est pas pour disserter sur elles que nous pourrions, si vous le voulez, continuer cette discussion. A cette heure-ci, il n'est guère possible, alors que nos esprits et nos cœurs sont si pris par ce qui se passe ailleurs, de faire rien que de concret et de pratique. L'heure n'est pas aux dissertations ; mais quand une loi comme celle-ci touchant de près des intérêts considérables — d'autant plus considérables qu'ils sont plus nombreux et plus modestes — est promulguée, il nous est apparu que c'était le rôle d'une association comme la nôtre, étroitement enfermée par le fait même des circonstances, dans son rôle national, de s'occuper d'en faciliter l'application et la mise en mouvement.

Voici donc ce que, sur la suggestion de mon ami M. Jay, je me permets de vous proposer ; précisément parce que M. Tissier a donné à sa communication une tournure tout à fait précise, parce que les questions qu'il a posées sont des questions qui doivent être serrées de près, qui sont de la pratique quotidienne, il nous paraît qu'il serait peut-être malaisé d'instituer une discussion utile sans avoir sous les yeux le texte même de la communication qu'il vient de nous faire. La sténographie l'a recueilli et nous nous proposons de l'envoyer le plus tôt possible à tous les membres de l'association, d'abord et, ensuite, de le distribuer de la façon la plus large, de manière qu'il parvienne au plus grand nombre d'intéressés.

La suggestion que je voulais vous soumettre est, après avoir donné immédiatement la parole à toutes les personnes qui voudront la prendre sur la communication de M. Tissier, d'ajourner la suite de la discussion à une autre réunion où vous aurez en main le texte même de cette communication. Nous pourrons alors examiner d'une façon précise les diverses questions envisagées par M. le professeur Tissier.

J'ajouterai qu'entrant dans ce rôle pratique qui, plus que jamais doit être le nôtre, nous avons pensé — M. le professeur Tissier a bien voulu y consentir — qu'il serait du plus haut intérêt de nous mettre tout de suite à la disposition de quiconque croirait devoir solliciter des explications ou des éclaircissements, soit sur l'une des questions qui ont été abordées par M. le professeur Tissier, soit sur toute autre. Toutes les communications relatives à l'application de la loi du 10 juillet 1915 seront reçues par l'Association pour la protection légale des travailleurs. Il suffira d'écrire ici, 5, rue Las-Cases ; nous transmettrons toutes ces demandes à M. le professeur Tissier qui s'entourera, s'il le juge utile, d'un petit comité choisi parmi nos membres. Nous pourrons ainsi, avoir de nouveaux sujets de conversation et des éclaircissements à vous apporter d'ici la prochaine réunion.

M. Fortier. — Je me permettrai de demander à M. le professeur Tissier de bien vouloir compléter ses très intéressantes explications, en nous disant — et je m'excuse de ma question si la réponse s'en trouvait dans la loi — s'il y a cumul des actions syndicales et des actions autorisées pour l'exécution de la loi, ou si ces deux actions ne peuvent s'exercer qu'à défaut l'une de l'autre.

M. Tissier. — Le texte semble bien établir le concours possible, bien qu'il y ait plutôt concurrence.

M. L. Roche *conseiller prud'homme*. — Messieurs, en ma qualité de conseiller prud'homme, je voudrais vous signaler quelques lacunes de la loi qui m'ont laissé très perplexe. Je veux vous parler des ouvrières en chambre. Le travail est porté à domicile, et il y a là une porte ouverte à la fraude. Il suffira à un entrepreneur quelconque d'avoir chevaux et voiture pour distribuer le travail à domicile, et, dès lors, il n'est plus tenu d'afficher un tarif.

Il est dit également dans la loi que si un ouvrier se livre au même travail que l'ouvrière et s'il a été lésé dans ses intérêts, il pourra réclamer également. Mais la loi ajoute : l'entrepreneur, le confectionneur ne sera pas obligé de lui donner des carnets à souches, ni non plus de l'inscrire sur des registres. Or, un ouvrier qui aura pris du travail dans une maison, sans y avoir son nom, sans y avoir de carnet à souche, ne disposera d'aucun moyen de justifier la réclamation qu'il fait.

La question est très grave; mes quinze années de prud'homie m'ont mis à même de voir ce qui se passe à chaque instant. Il y a peu de temps encore, un confectionneur, trompant ses ouvrières, n'appliquant pas le tarif fixé par l'Intendance, a déclaré qu'il recevait son travail d'un commerçant, et, comme le commerce est libre, qu'il n'y a pas de bordereau de salaire, les ouvrières se sont trouvé lésées. Elles travaillaient pendant 12 ou 13 heures pour gagner 25 ou 28 sous, alors que la loi leur accordait 3 francs au minimum. Et dans quelle poche allait l'argent? Dans celle du sous entrepreneur.

Il faudrait que le législateur déclare que, quelle que soit la façon dont sera donné le travail, il devra y avoir des carnets à souches tenus, et que ces livrets porteront le nom de la maison qui a délivré le travail au premier sous-entrepreneur. Puisqu'ils sont solidaires les uns des autres, s'il y a lieu de les poursuivre, on parviendra à atteindre les coupables.

Une autre difficulté peut encore se produire. De façon à ce que l'ouvrière échappe à tout contrôle, on lui dira : « Votre mari sera le responsable; nous allons lui remettre le travail. » Ainsi, le nom de la femme ne sera mentionné nulle part, et, puisque celui du mari ne sera pas porté sur un carnet à souche, il n'y aura pas de recours contre l'entrepreneur.

Je ne voudrais pas terminer sans remercier M. le professeur Tissier d'avoir bien voulu s'occuper de la question de la demande reconventionnelle.

Il n'y a pas eu besoin d'attendre la réglementation du travail pour voir surgir la demande reconventionnelle. Quand, en 1908, les conseils de prud'hommes ont agi pour substituer au tribunal de commerce le tribunal civil, M. le président du tribunal civil, à l'époque, a déclaré que, sur 1.000 demandes reconventionnelles, une seule était justifiée. (*Sourires.*)

En l'espèce, nous pouvons être assurés que les patrons ne manqueront pas d'avoir recours à ce moyen, d'autant plus que l'ouvrière n'aura que quinze jours pour faire sa réclamation. Les défauts systématiques, la demande reconventionnelle seront pour elle de terribles entraves et l'engageront dans des frais plus considérables qu'ils ne devraient être. Il ne faut pas oublier, en effet, que les ouvrières ignorent généralement tout du fonctionnement de la juridiction prud'hommale, qui est très simple. Ce qui n'empêche pas que j'ai vu, au conseil de prud'hommes, une femme faire 22 francs de frais pour réclamer 4 francs de salaire.

Si l'on maintient la demande reconventionnelle, les ouvrières, sachant qu'elles sont battues d'avance, ne voudront même pas entamer de poursuites contre l'entrepreneur qui les aura lésées. Dans la plupart des cas, la demande reconventionnelle n'a d'autre but que d'essayer d'échapper aux juges du premier degré. Lorsque nous jugions en dernier ressort jusqu'à 200 francs, la demande reconventionnelle était toujours de 250 francs. Depuis que l'on a étendu nos pouvoirs et qu'on nous a octroyé la faculté de juger en dernier ressort jusqu'à 300 francs, il est à remarquer que la demande reconventionnelle est de 350 francs systématiquement.

J'estime que le législateur ne doit pas ignorer ce procédé et qu'il doit y remédier, et, puisque nous avons la bonne fortune d'avoir ici M. Millerand, qui s'est toujours fait le défenseur des ouvrières, je lui demande de prendre l'initiative de la suppression de la demande reconventionnelle.

M. Raoul JAY. — Nous sommes très reconnaissants au conseiller prud'homme qui vient de parler d'avoir signalé certaines lacunes de la loi. Nous avons une double tâche. Il nous faut d'abord poursuivre l'application de la loi nouvelle. Mais il convient qu'en le faisant, nous constations aussi les points sur lesquels il sera nécessaire d'obtenir le complément ou la réforme de la loi.

M. LE PRÉSIDENT. —Je voudrais ajouter un mot à ce que vient de dire notre ami Jay.

Tout d'abord, je remercie infiniment M. le conseiller Roche qui vient, avec son expérience personnelle, de nous apporter des suggestions tout à fait heureuses. Si je me permets de m'écarter un peu — oh ! très peu — de l'opinion émise par notre ami Jay, c'est que je crois qu'avant de songer à constituer un dossier des modifications, grandes ou petites, qu'il y aurait lieu d'apporter à la loi, il y a autre chose à faire, et c'est pour le faire que nous vous proposons la méthode que je vous soumettais il y a quelques instants. Il faut d'abord appliquer la loi, constituer les associations si neuves qu'elle organise, venir en aide aux syndicats qui auront la volonté de la faire appliquer.

M. Jay, dans sa très intéressante brochure sur la loi du 10 juillet 1915, a bien mis en relief que la loi sera ce que les associations et les syndicats voudront qu'elle soit. Si on obtient d'eux qu'ils travaillent à son application de la loi, je suis, quant à moi, convaincu que, telle quelle, elle réalisera un progrès considérable. Cela ne veut pas dire qu'elle ne devra pas, un jour, être améliorée, mais je ne voudrais pas — c'est là tout le but de cette très courte observation — que, sous prétexte qu'elle n'est pas parfaite, on attendît, pour l'appliquer, qu'elle fût améliorée.

Il est certain — M. le conseiller Roche vient de mettre le doigt sur la plaie — qu'une loi de ce genre provoquera fatalement à la fraude, et sous beaucoup de formes. Il n'y a qu'un moyen de la combattre : c'est que les intéressés — pas seulement les intéressés, au sens étroit du mot, pas seulement les malheureuses ouvrières pour lesquelles on a fait la loi — s'il n'y avait que ces pauvres femmes, la loi ne serait sans doute pas appliquée de longtemps — mais les ouvriers, les travailleurs conscients de l'intérêt d'une telle loi, prennent en main son application et s'efforcent de déjouer la fraude. C'est pour les aider dans cette œuvre que l'Association pour la protection légale des travailleurs se met à leur service et, d'accord avec eux, tâchera de faire de la loi une réalité bienfaisante. C'est très flatteur pour le Parlement de voir que vous comptez tellement sur lui, mais n'y comptez pas trop (*Sourires*) : comptez d'abord sur vous-mêmes. Aidez-vous pour qu'il vous aide.

Assemblée générale du 13 mars 1916

Présidence de M. MILLERAND

M. TISSIER. — Mesdames, Messieurs, depuis notre réunion dernière, du 13 décembre, — il y a trois mois déjà, — la mise en application de la loi sur le minimum de salaire a réalisé quelques progrès sensibles, quoique, évidemment, à notre gré, encore trop lents.

Il y a, aujourd'hui, dans 80 départements, des Comités de salaires organisés. Vous vous rappelez la fonction de ces Comités : fixer, dans chaque région, le minimum de salaire. Dans plus de cinquante départements, les Comités d'expertises ont été également établis. Leur fonction, vous le savez, est de déterminer le temps nécessaire pour la confection des travaux en série.

Il y a quelques jours — le 8 mars — au Ministère du Travail, a été installée la Commission centrale qui doit reviser — tâche lourde et difficile — les solutions données par les Comités de salaires ou par les Comités d'expertise.

De cette partie de la loi, nous n'avons pas à nous occuper ici ; nous n'avons qu'à attendre les résultats des travaux de la Commission centrale. C'est une autre partie de la loi qui doit nous occuper, une partie féconde en difficultés : il s'agit de l'exercice des actions nées de cette loi du 10 juillet 1915. Cette loi donne le droit d'agir en justice pour imposer l'application des dispositions prises par le législateur, l'action est portée devant les prud'hommes, ou en simple police, dans les cas où il y a des sanctions pénales.

La loi donne le droit d'action, d'abord aux ouvrières

elles-mêmes, en second lieu aux Syndicats même composés d'ouvriers travaillant en atelier, et, en troisième
lieu, à des associations désintéressées qui ont été créées
ou qui se créeront en vue de protéger les ouvrières à
domicile, associations qui auront besoin d'être autorisées
par un décret pour pouvoir agir en justice.

J'ai indiqué, dans l'exposé que j'ai fait il y a trois mois,
les difficultés principales que l'exercice de ces actions en
justice, peut susciter. Je les rappelle très brièvement :
on peut se demander, tout d'abord, si les Syndicats et
les Associations ont le droit d'agir, lorsqu'un salaire
insuffisant a été payé, pour faire payer le complément
du salaire.

A coup sûr, d'après le texte même de la loi, les Syndicats et les Associations ont bien une action dans le cas
où le salaire dû n'a pas été payé ; mais quel est l'objet de
cette action ? Peuvent-ils demander que le salaire soit
complété ? Peuvent-ils demander que le Tribunal, dans
son jugement, ordonne que la somme due et qui n'a
pas été payée soit payée aux ouvrières intéressées ?

La question, au point de vue juridique, au point de
vue technique, est extrêmement embarrassante pour les
Syndicats. J'ai proposé d'admettre que les Syndicats et les
Associations ont cette action, qu'ils peuvent, lorsque le
patron n'a pas payé le salaire intégral, non seulement
demander des dommages-intérêts, non seulement demander des sanctions de publicité, mais encore demander que le Conseil des prud'hommes condamne le patron,
débiteur du salaire, à payer ce salaire. Ce n'est pas l'action des ouvrières qui est exercée ici : c'est l'action des
Associations ou Syndicats.

Je crois que les tribunaux pourront, dans leurs jugements, imposer aux patrons cette obligation de compléter le salaire qu'ils n'ont pas payé intégralement en usant

s'il le faut, des astreintes pécuniaires, en imposant au patron récalcitrant des dommages par jour de retard, afin de l'obliger à exécuter la loi.

C'est là, je crois, la question la plus importante de toutes celles qui se présentent. Il en est une autre, qui a aussi son intérêt.

J'ai proposé d'admettre que les Syndicats et Associations pourraient agir en justice avant même le paiement d'aucun salaire, par cela seul qu'on aurait affiché un salaire insuffisant, un salaire inférieur à celui garanti par la loi. Les Associations et Syndicats peuvent agir immédiatement en vue de faire reconnaître en justice le droit au salaire complet, en vue de faire dire que le patron a annoncé un salaire qui n'est pas le salaire légal, et en vue de l'obliger à modifier l'affichage qui a été établi.

Il est, en outre, des difficultés juridiques très nombreuses, mais à caractère très technique, et je ne crois pas nécessaire d'en reprendre ici l'examen.

En ce qui concerne la prescription, j'ai expliqué qu'il y a, dans la loi une prescription de quinze jours, et dans le Code civil une de six mois. Le fonctionnement de ces deux prescriptions est susceptible de faire naître bien des conflits; mais, c'est là une question secondaire à côté des autres.

Je rappelle qu'au point de vue pratique, il faut s'attendre à une obstruction très grande de la part des intermédiaires, qui sont si nombreux, et qui ont tout intérêt à empêcher l'application complète de la loi. Il y aura, d'abord, l'obstruction traditionnelle des demandes reconventionnelles, faites devant les Conseils de prud'hommes. Sur ce point, tout a été dit, et je crois que tous les remèdes possibles ont été indiqués. La question est épuisée. C'est au législateur à apporter le remède.

Il y aura surtout, pour entraver l'application de la loi,

un moyen qui sera sans doute très fréquemment utilisé:
je veux dire l'entreprise à forfait. On dissimulera sous le
nom d'entreprise à forfait les marchés qui seront faits
par de grandes maisons de confection avec des intermédiaires, et on mettra les ouvrières en présence d'intermédiaires qui n'auront aucune solvabilité et qui, seuls
pourront être actionnés en justice; les patrons solvables
seront cachés derrière ces entrepreneurs.

Tels sont les principaux points que j'avais indiqués.

Aujourd'hui, il s'agit, vous le savez, Mesdames et Messieurs, de discuter les solutions. J'espère qu'il y a parmi
vous bien des personnes ayant une connaissance pratique
et une expérience de ces questions que soulève le travail
à domicile et qui pourront nous donner des renseignements utiles. Nous sommes, plusieurs de mes collègues
et moi, tout prêts à aider de toutes nos forces à l'application de la loi, mais nous avons besoin, nous-mêmes,
d'être fortement aidés par les conseils de ceux qui ont
une expérience pratique qui nous manque.

M. le Président. — M. Tissier vient de mettre en lumière,
avec beaucoup de clarté, quelques-unes des questions
essentielles qui sont posées par la loi nouvelle. Quelqu'un
demande-t-il la parole ?

Mlle Quintin. — Pour empêcher l'abus des sous-traitants,
il me semble qu'on pourrait exiger l'affichage, qu'il ne
devrait pas être possible de donner du travail sans que
cette mesure soit respectée.

M. Jay. — La loi l'exige...

Mlle Quintin. — ... Mais il faut demander l'application
de cette loi, et il faut que nos ouvrières signalent à un de
nos comités le fait, chaque fois que le tarif n'a pas été
appliqué.

M. le Président. — La disposition que vous réclamez existe sous le numéro 33 b :

« Les prix de façon fixés pour les articles faits en série par tout entrepreneur de travaux faits à domicile sont affichés en permanence dans les locaux d'attente, ainsi que dans ceux où s'effectuent la remise des matières premières aux ouvrières et la réception des marchandises après exécution. »

M. Borderel. — Messieurs, je n'ai qu'une simple observation à faire au sujet de l'obstruction de la part des intéressés. Permettez-moi de m'élever énergiquement contre cette idée que les intéressés — notez bien que je ne suis pas de ceux-là, n'appartenant pas à la couture, mais je sens ce que sentent tous les patrons, à l'heure actuelle — feront de l'obstruction. Le devoir de citoyens des patrons est de ne pas en faire, surtout quand il s'agit du salaire de la femme. Nous considérons qu'il est indispensable aujourd'hui, et plus encore dans l'avenir, de donner aux femmes non seulement le salaire déterminé par la loi et par les Conseils du travail, mais encore de les augmenter, si cela est possible. La femme a à jouer un rôle capital dans la vie, et nous, patrons, nous devons l'aider à jouer ce rôle et lui donner des salaires aussi importants que nous le pourrons.

M. Borel. — Je connais les sentiments humanitaires de M. Borderel et je lui rends tout de suite cet hommage que je suis persuadé qu'il ferait très exactement ce qu'il vient de dire ; mais lorsque, de très bonne foi, il s'élève et proteste contre les abus qu'on nous indique comme possibles, je dois lui enlever une illusion. Moi-même, j'ai été saisi de différentes plaintes, et je sais d'une manière pertinente, certaine, absolue — et vous savez que lorsque je prononce ces paroles, mon cher Monsieur Borderel, c'est qu'elles sont basées sur quelque chose de sûr et qu'on peut y croire — que les choses ne se passent pas comme vous le souhaitez. Déjà on a eu recours au travail en entreprise forfaitaire; on l'a organisé d'une manière telle que démasquer les abus n'est pas possible. Vous n'ignorez pas qu'on ne peut pas empêcher, malgré la loi en question, quelqu'un de faire travailler à forfait. En réalité, ce travail à forfait est très légalement donné. Je vous déclare très fermement que le travail forfaitaire dans les maisons importantes, de tout premier ordre, est déjà un fait accompli. On n'a pas voulu assumer la responsabilité que la loi semble imposer, et cependant elle n'a rien d'extraordinaire, ni d'excessif. On ne paiera pas un sou meilleur marché le prix de la main-d'œuvre, mais on essaie déjà de se dégager de toute responsabilité, de tout ennui, de tout souci. On a eu peur, on n'a pas compris la loi.

J'insiste sur le mot « grandes » maisons; je ne veux pas les nommer, car je ne suis pas ici pour faire de procès; d'ailleurs, le fait est général. Les petites ouvrières, travaillant à deux à trois, venaient depuis longtemps chercher du travail dans ces maisons, et ce genre de travail, s'il n'a pas déjà complètement disparu, est appelé à être rapidement supprimé, pour faire place à la grande entreprise.

Par conséquent, vous voyez, Monsieur Borderel, que, malgré tous vos bons sentiments et les miens, il ne faut pas protester aussi haut; malheureusement, le sentiment si élevé qui vous anime ne se retrouve pas dans le cœur de tous les Français; je ne veux pas jeter un cri d'alarme, mais il faut cependant examiner la situation telle qu'elle est. Nous sommes ici pour envisager toutes les conséquences d'une loi qui devrait donner d'excellents résultats et je dois vous avouer que, pour ce que j'en connais déjà, elle a tendance à en donner de très mauvais.

En ce qui concerne les véritables ouvrières à domicile

— celles qui travaillent à l'unité, ou en association à deux personnes; celles qui, précisément, devraient être protégées — il semble, quant à présent, que la loi ait pour résultat de leur nuire d'une manière singulière. Ce sera comme avant, ce sera peut-être pis qu'avant. Il y a quelque chose que l'on pourra faire : ce sera d'appeler l'attention des pouvoirs publics sur cette situation et, dans la mesure où les pouvoirs publics peuvent avoir de l'influence sur ces grandes administrations, on pourrait leur demander si réellement elles ont bien compris ce qu'était la loi, si véritablement elles se sont bien rendu compte du mal que, sans le vouloir, elles allaient faire à une catégorie intéressante, alors qu'elles viendront, au lendemain de la guerre, dans une période particulièrement compliquée, augmenter encore les difficultés que rencontrent les ouvrières, tandis que beaucoup d'entre elles, ayant quitté les usines et les ateliers créés par la guerre, auront recours au travail à domicile pour vivre.

M. LE PRÉSIDENT. — Voulez-vous me permettre une question? sous quelle forme précise se fait le détournement de la loi dont vous nous avez parlé?

M. BOREL. — On dit, par exemple, aux femmes qui, isolément ou à deux ou trois, venaient chercher du travail dans la maison depuis très longtemps : « En ce moment, nous n'avons pas de tissu. Et puis, cette loi sur le travail à domicile va nécessiter toute une mise en train ; nous allons voir cela ! » On leur a fait marquer le pas pendant un certain temps, puis, finalement, on leur a dit : « Si vous pouviez faire telle quantité, nous vous donnerions du travail, mais du moment que vous ne pouvez pas le faire, nous vous rappellerons quand nous aurons besoin de vous. » En fait, on a donné la quantité de travail qu'on aurait remis à 30 ou 40 personnes, à deux ou trois entreprises.

M. le Président. — Je vous demande pardon de transformer cette discussion en dialogue, mais il est extrêmement intéressant pour nous d'avoir des précisions : ces deux ou trois personnes auxquelles on a remis le travail qui a été fait par 20, 30 ou 40 ouvrières, elles le donnent à leur tour à des ouvrières ?

M. Borel. — Elles le donnent à des ouvrières qui travaillent à l'extérieur ou chez elles. Je ne pourrais pas vous dire exactement de quelle manière ces entreprises paient le travail qu'elles font ainsi faire, parce que je n'ai pas enquêté sur ce point...

M. le Président. — Ce qui me paraît important, c'est moins de savoir ce qui sera payé, que la question de savoir si ce qui est derrière le travail à domicile disparaîtra demain sous une forme qui ne puisse plus être saisie, autrement dit si le grand magasin qui faisait travailler directement à domicile, hier, donnera, demain, ce travail à des sous-entrepreneurs qui feront également travailler à domicile. Nous retrouverions le travail à domicile chez ces sous-entrepreneurs et nous pourrions faire appliquer la loi, comme nous le ferions si nous nous trouvions directement en face des grands magasins.

M. Dumas. — Je vais vous citer un fait très grave à mon sens.

Aujourd'hui l'entrepreneur est obligé d'afficher le salaire qu'il donne à ses ouvrières. Il est même astreint de remettre à chacune d'entre elles un carnet individuel sur lequel sont marqués ces prix. Mais il s'est entendu avec ses ouvrières pour leur payer un prix inférieur à ceux indiqués. Le fait s'est produit. L'inspecteur du travail, à la suite d'une protestation émanant d'un Syndicat intéressé, s'est rendu sur place, mais il n'a pu constater de délit parce que toutes les ouvrières avaient accepté le fait.

Je crois, d'ailleurs, que c'est une des difficultés auxquelles nous nous attendions, et c'est pourquoi nous avions demandé que l'inspecteur du travail soit mieux armé afin qu'il puisse faire des enquêtes plus profondes, qu'il puisse s'assurer, au besoin jusque chez l'ouvrière à domicile, si les tarifs sont respectés, et qu'il arrive à détruire le bloc constitué par le patron à son profit.

Il y a encore d'autres méthodes employées par les patrons, non seulement pour tourner la loi, mais pour avoir l'approbation des ouvrières en vue de la violation de la loi. Ainsi, il y a eu, à Bordeaux, d'abord, puis à Marseille, dans d'autres villes ensuite, une campagne menée très activement, dans laquelle on disait aux ouvrières : « La loi serait une chose intéressante, mais nous constatons ceci : actuellement vous faites du travail à domicile qui vous est mal payé, mais demain vous n'en aurez plus du tout parce que vous allez fixer des prix de base trop élevés ; vous vous trouverez ensuite en concurrence avec des ouvrières de régions moins privilégiées qui toucheront des salaires moins élevés, de sorte que tout le travail qui était donné à Bordeaux ou à Marseille émigrera vers les pays où les salaires sont plus bas. »

La loi a eu, cependant, un résultat heureux, c'est qu'elle a réveillé l'intérêt des ouvrières. J'ai fait pas mal de réunions, et j'y ai rencontré des ouvrières par centaines, alors qu'autrefois pas une ne se serait dérangée ; le bienfait de la loi, c'est que les ouvrières se sentent protégées.

Ce qu'il faudrait, c'est que l'application de la loi soit aussi simple que possible. Les ouvrières en elles-mêmes ne sont rien, elles sont placées dans une si mauvaise situation lorsqu'elles ont à intenter une action qu'elles ne veulent pas agir et c'est bien plutôt le Syndicat qui peut intervenir.

Vous me permettrez de vous dire encore qu'il se produit, en outre, une concurrence — dans l'équipement militaire, entre autres, — entre le travail fait à l'atelier et le travail à domicile. Je pourrais vous citer des noms, si vous teniez à ce que je précise...

M. LE PRÉSIDENT. — Il vaut mieux ne pas préciser.

M. DUMAS. — Dans une de nos grandes villes, il existe une maison qui, en temps normal, fait l'équipement militaire ; elle est outillée pour produire dans les meilleures conditions; elle dispose de tous les perfectionnements modernes, d'un outillage parfait. Dans cette usine, il est fixé un minimum de salaire pour le travail au temps et un minimum de salaire pour le travail aux pièces. Le minimum pour la pièce est celui qui est appliqué aux ouvrières à domicile. Or, on arrive à faire produire aux ouvrières un nombre de pièces plus élevé que celui qu'on obtiendrait par le travail au temps, et on ne les paie pas aux pièces mais au temps. Pour me faire mieux comprendre, je vais prendre un exemple, et vous indiquer des chiffres : le minimum par jour est de 3 fr. 50 pour une mécanicienne, et on impose à l'ouvrière de faire deux ou trois pièces de plus que ce qu'elle ferait si elle était simplement aux pièces. Ici, ce n'est donc plus le travail à domicile qui fait concurrence au travail en atelier, c'est le contraire qui se produit.

M. LE PRÉSIDENT. — Voulez-vous me permettre de vous demander quelques précisions.

Nous nous trouvons là en présence d'un entrepreneur de l'État ?

M. DUMAS. — Oui.

M. LE PRÉSIDENT. — Le décret de 1899 s'applique ; le

minimum de salaire est fixé pour le travail en atelier. Par conséquent, les intéressés peuvent et doivent prendre des précautions contre la violation de leur droit, c'est-à-dire réclamer l'application du salaire minimum de la région. Ils sont parfaitement armés pour réclamer.

M. Dumas. — Il y a bien, en réalité, un salaire minimum de fixé, 3 fr. 50, par exemple, pour une mécanicienne, ainsi que je vous le disais. Mais, on l'oblige à faire un nombre de pièces tel que si on lui appliquait le tarif aux pièces, elle gagnerait 4 francs ou 4 fr. 50.

M. le Président. — C'est une erreur, car le bordereau légal de salaire, prévu par le décret de 1899 et, j'ajoute, par les cahiers des charges du ministère de la Guerre, prévoit le travail aux pièces et le travail au temps. Par conséquent, c'est aux intéressés à agir.

M. Dumas. — Le renseignement que vous venez de nous donner est extrêmement intéressant, parce qu'il s'agit là d'un point qui, pour certaines ouvrières, est sujet à controverses.

M. le Président. — Les deux modes de travail doivent être prévus, et, selon que l'on fait travailler l'ouvrière au temps et aux pièces, celle-ci a droit au minimum fixé pour l'une ou l'autre de ces catégories.

M. Borel. — Si l'ouvrière travaille sous le régime du temps, on doit lui payer le minimum de salaire au temps; on ne peut pas changer le contrat quand arrive la fin de la journée; le contrat commence en même temps que la journée de travail; si, le matin, on entre pour travailler aux pièces, le soir, on doit être payé selon le tarif aux pièces. C'est à vous, syndicats, de dire à vos adhérents : « Quand vous entrez dans une maison, vous travaillez au temps ou aux pièces. Vous ne devez pas laisser votre patron vous tenir le langage suivant : « Aux pièces vous auriez gagné 4 fr. 50, mais je vous applique le tarif au temps, et le minimum pour une journée de travail est 3 fr. 50. » Il est donc indispensable que l'on déclare, au préalable, quel est le mode de travail que l'on adopte.

M. LE PRÉSIDENT. — Je sors un peu de mon rôle de président, mais je voudrais vous poser une question, à laquelle vous répondrez si vous ne la jugez pas indiscrète.

Vous savez que la loi nouvelle donne aux syndicats, même composés d'ouvriers travaillant à l'atelier, le droit d'exercer des actions en justice pour faire respecter les salaires à domicile que fixent, actuellement, dans chaque région les comités prévus à cet effet. Est-ce que vos camarades et vous vous vous êtes préoccupés de cette question ? Songez-vous à user de ce droit ?

M. DUMAS. — Oui.

J'ai fait récemment deux tournées, d'environ vingt-cinq réunions, parmi les ouvrières de l'habillement pour leur expliquer le mécanisme de la loi, pour encourager les syndicats, les bourses du travail à agir lorsque la loi ne serait pas appliquée, et j'ai le plaisir de vous dire que les bourses du travail se passionnent pour cette question. Déjà, il s'est créé un nombre assez important de syndicats d'ouvrières à domicile ; je crois donc que l'effort récent a déjà porté des fruits. Une dizaine de mille d'ouvrières se sont organisées ; elles ont compris que cette loi leur apportait un commencement de protection. J'avouerais bien que, personnellement, j'ai un peu insisté sur les avantages de la loi, c'est là, je crois, le meilleur moyen d'appeler les intéressées à tirer le meilleur parti possible de ce qu'elle contient d'intéressant.

Il y a beaucoup à faire et le Comité supérieur des salaires pourrait jouer un rôle très utile. Nous voyons en lui un moyen d'arriver à l'égalisation des salaires daus les différentes régions. Je m'excuse de vous parler aussi longuement...

Plusieurs voix. — Parlez, parlez...

M. Dumas. — Pour vous montrer toute l'importance de ce point, je vais encore vous citer un exemple. Dans la région de Rouen, on travaille tout particulièrement pour l'industrie de la chemise; à Elbeuf, notamment, les usines sont parfaitement outillées et organisées industriellement, tandis qu'à Rouen même, on travaille à domicile, dans de mauvaises conditions. On a fixé un minimum de salaire. La crainte des ouvrières de la région de Rouen, c'est que dans l'Indre, autre centre important de chemiserie, on ne fixe un tarif inférieur à celui fixé dans leur propre région, et on ne leur enlève ainsi une partie de la production. Il me semble donc désirable, que le Comité supérieur des salaires tende à égaliser les salaires, pour des travaux similaires. J'ai constaté, toutefois, que les comités départementaux de salaire, ont, dans la plupart des cas, fixé des salaires à peu près égaux.

M. Tissier. — Dans le premier des cas qu'indiquait l'orateur qui m'a précédé, il était question d'ouvrières acceptant de travailler à un salaire inférieur au minimum. Ne croit-il pas que les syndicats devraient agir, exercer une action en justice si le syndicat a la preuve que les ouvrières se contentent d'un salaire inférieur au salaire légal? Les syndicats ont le droit d'agir en justice même si les ouvrières se contentent d'un salaire illégal,...

M. Dumas. — C'est bien ce qui nous a paru intéressant, et c'est bien ainsi que nous comprenons les choses quand nous disons aux ouvrières : « Vous ne ferez rien si vous n'êtes pas syndiquées et si vous ne dénoncez pas les abus que l'on commet. »

M. LE PRÉSIDENT. — Il y a quelque chose de plus, et c'est là une des originalités de la loi : votre Syndicat pourra agir, même s'il ne comprend pas d'ouvrières à domicile.

M. DUMAS. — Nous sommes d'accord en en ce sens que nous considérons que tous les syndicats ont le droit de poursuite et que nous engageons vivement les syndicats, et, à leur défaut, les bourses du travail, à agir dans cet ordre d'idées. C'est à la faveur de cela que nous espérons attirer des ouvrières dans les syndicats, où leur présence est indispensable. Le syndicat ne peut poursuivre utilement, faire respecter les tarifs qu'avec le concours actif des intéressées. Les ouvrières comprennent qu'il y a quelque chose de fait, que les syndicats vont pouvoir intervenir, non plus pour une individualité, mais pour la profession, pour la corporation...

M. BORDEREL. — Mais la loi de 1884, sur les syndicats professionnels leur donne déjà ce droit. Les syndicats peuvent intervenir — mais non pas, je le sais, les unions syndicales — pour faire respecter les conventions. La loi actuellement en discussion n'est qu'une confirmation de la loi de 1884.

M. JAY. — Je répondrai à M. Borderel : « J'interprète la loi de 1884 comme vous, mais la jurisprudence n'a pas toujours donné la même interprétation. »

Voulez-vous un exemple ? Il y a déjà quelques années, un syndicat agissait parce que les règles légales sur la durée du travail avaient été violées. Le syndicat croyait, et je crois comme lui — et vous croyez comme nous deux, le syndicat et moi, — que c'était bien là une question qui intéressait la profession. Au Tribunal et à la Cour, le syndicat l'emporta, mais son action fut écartée par la Chambre criminelle de la Cour de cassation.

C'est pour cela que nous avons cru nécessaire, au Conseil supérieur, d'introduire dans la loi l'affirmation formelle du droit du syndicat, et d'ajouter : « ... sans qu'il ait à faire la preuve du préjudice... » Ce sont, en effet, les exigences de la jurisprudence en ce qui concerne la preuve du préjudice qui ont le plus souvent empêché les actions syndicales d'aboutir.

Le précédent orateur vous a dit comment l'application de la loi du 10 juillet 1915 donnait naissance à un véritable mouvement syndical.

J'ai eu l'occasion d'étudier de près les législations australasiennes et les résultats qu'elles avaient donnés. Le grand fait, incontesté par tous ceux qui sont allés là-bas — et surtout par ceux qui y sont allés récemment, — c'est le développement syndical qui a été la conséquence de l'application de ces législations. C'est le fait saillant qui les a frappés.

En Angleterre, il n'en a pas été autrement. M. Mallon, secrétaire de l'Anti-sweating League affirme que dans l'industrie des chaînes où le minimum a d'abord été institué, aujourd'hui toutes les femmes sont syndiquées. Et pourtant la loi ne date que de 1909. Dans les trois autres branches des industries également visées en 1909, le développement syndical sans être aussi complet a été cependant remarquable.

M. Dumas. — Nous faisons une différence très grande entre la loi actuelle et celle de de 1884. La loi de 1884 laisse subsister le régime des conventions individuelles, tandis qu'actuellement, même s'il y a entente entre un patron et des ouvriers pour travailler à un salaire inférieur à celui prévu, la loi ne reconnaît pas ces conventions.

M. Borderel. — Je considère l'intervention des syndicats comme un véritable bienfait et j'estime que même les syndicats patronaux devraient intervenir contre des patrons qui ne respecteraient pas le tarif légal.

M. le Président. — C'est tout à fait exact, mais permettez-moi d'ajouter, avec un certain amour-propre paternel, je dirai, que ce principe n'est pas absolument nouveau, en ce sens que c'est déjà la même règle qui existe dans le décret de 1899 : on n'a pas le droit de passer un contrat entre un entrepreneur de l'Etat, d'un département ou d'une ville, et des ouvrières pour accepter un salaire inférieur au minimum prévu. Aujourd'hui, nous nous trouvons en présence d'une extension de cette règle à toute l'industrie...

M. Borderel. — Il y a une chose qu'il faudrait que les administrations ne fassent pas : c'est mettre sur les bordereaux des prix de salaires inférieurs au minimum établi par la loi. L'exemple que je vais vous citer est un peu à côté de la question qui nous occupe, mais cela n'en a pas moins d'importance. Or, je vois tous les jours des bordereaux de travaux indiquant des salaires d'ouvriers qui sont de 15, 20, 25 et 30 % au-dessous du salaire normal. Alors qu'un terrassier est payé 70 centimes ou 80 centimes l'heure, nous voyons figurer sur les bordereaux les prix de 50 et de 55 centimes. C'est un encouragement à payer des salaires inférieurs qui est ainsi donné par l'administration, et je n'ai jamais cessé de m'élever contre ce fait.

M. le Président. — Vous avez raison, et le syndicat

aura le droit et le devoir de protester là contre, parce qu'il n'est pas douteux que l'inscription dans un contrat d'un bordereau de salaire qui est inférieur à la réalité ne permet pas de substituer le salaire inférieur au salaire réel. Le décret de 1899 prévoit l'action qui pourra être exercée pour rétablir le salaire réel si le salaire porté au contrat est inférieur, ainsi que vous le dites...

M. BORDEREL. — A l'heure actuelle, nous croyons de notre devoir de rester tranquilles et de n'apporter aucun trouble là où il a beaucoup à faire pour la Défense nationale.

M. RUSCHÉ. — Le comité d'expertise a pour mission de déterminer le nombre d'heures nécessaires à la confection d'un travail, c'est là un rôle très important. Or, vous savez que, lorsqu'une loi est votée au Parlement, il est dit qu'un règlement d'administration publique viendra apporter des précisions et dissiper les obscurités, et il n'en manque généralement pas. Le fait s'est produit en ce qui concerne le minimum de salaire. Cette circulaire qui a été prise dit d'excellentes choses, mais elle en dit aussi de fâcheuses, et je voudrais vous en soumettre une qui concerne les comités d'expertise.

Elle dit que les comités d'expertise, en déterminant d'après la loi, le nombre d'heures nécessaires à la fabrication, devront s'inspirer du travail fait en atelier. Il y a de petits ateliers et il y en a de grands; il y a de petites et de grandes manufactures de vêtements ou d'articles de lingerie. Dans ces manufactures, on produit un travail intensif, dans un temps réduit par l'extrême division du travail. Par exemple, pour la chemise, une ouvrière fait les cols, une autre les manches, une autre le montage, une autre encore les boutonnières; tout cela, d'ailleurs, se fait à la machine. Tout est mû mécaniquement, par des moteurs électriques.

Si vous voulez prendre comme base le temps nécessaire dans ces ateliers et l'appliquer aux ouvrières travaillant à domicile, celles-ci sont lésées. Comment voulez-vous, en effet, qu'elles produisent dans le même temps le même article de lingerie? Si donc vous vous inspirez de ce temps, mathématiquement, vous faites gagner à l'ouvrière à domicile, beaucoup moins que le minimum.

Certes, c'est un devoir pour l'Intendance de produire à très bon marché, nous ne devons pas l'en critiquer, mais qu'on ne nous donne pas pour des temps normaux ceux qui sont nécessaires dans les ateliers de l'Intendance. Or, dans certains comités d'expertise, pour simplifier le travail, on s'est contenté de copier les tarifs de l'Intendance, et l'on est arrivé ainsi à des taux qui ne sont pas normaux.

La Commission centrale des salaires a pris quelques décisions, je n'ai pas le droit de dire ce qui s'est passé, nos délibérations sont secrètes, elles seront, du reste, rendues prochainement publiques, la commission a pris position sur la question. Elle estime que les comités d'expertise doivent, en toute indépendance, dire le temps nécessaire, en s'inspirant du temps passé à l'atelier, quand c'est possible et quand les ateliers envisagés ont un rapport à peu près direct avec le travail à domicile. Quand, au contraire, on se trouve en présence d'une grande manufacture, disposant de moyens de production très développés, on ne devra pas en tenir compte pour le travail à domicile.

M. Dumas. — C'est, en effet, une question très importante, qui avait dressé contre la loi une partie des gens qui restent partisans du travail à domicile. Quand même à la vérité, dans nos milieux, nous sommes partisans du travail industriel, substitué, dans la plus large mesure possible, au travail à domicile. J'ajoute que, si nous tenons compte de l'évolution moderne, nous pouvons constater d'ores et déjà une importante évolution vers le régime de la fabrique.

La loi, dans son essence, dans son principe, demande que l'ouvrière à domicile soit payée le même prix que si elle travaillait à l'atelier, mais elle ne peut pas entendre par là qu'elle arrivera à se faire des journées aussi élevées. Si une ouvrière va chercher du travail à la maison Esders, qui est, je crois, la plus importante ⟨du genre pour le vêtement d'hommes, elle ne peut pas gagner chez elle autant que si elle travaillait dans des ateliers qui sont organisés d'une façon moderne. Si donc, on voulait que l'ouvrière gagne autant à domicile qu'à l'atelier, il faudrait majorer le salaire à domicile...

M. BORDEREL. — Je crois que nous devons être tous d'accord pour favoriser de plus en plus le développement du travail à domicile. Le rôle de la femme est surtout dans son ménage; le travail à domicile a, à mon sens, l'avantage de la laisser dans son foyer, et je dirai même que le salaire à domicile devrait être supérieur à celui qu'elle peut avoir en atelier.

M. JAY. — Je m'associe de tout cœur à la déclaration de M. Borderel, mais, au point de vue même du travail à domicile, de son maintien, de son développement, la question est très délicate.

Il est évident que M. Rusché a raison quand il dit qu'il est impossible de prendre toujours le travail en atelier comme la mesure du temps nécessaire. On peut, en effet, arriver à ce que, grâce au concours de machines, le travail à l'atelier soit beaucoup plus productif.

Si les conditions techniques de la production étaient au contraire les mêmes, le temps nécessaire à l'atelier pourrait fournir la règle; on pourrait même appliquer au travail à domicile les tarifs dressés pour l'atelier. On est obligé de naviguer entre deux écueils. La loi veut que l'ouvrière ait un salaire qui lui permette de vivre, mais il ne faut pas, d'autre part, que le minimum fasse disparaître le travail à domicile. Je ne sais si c'est l'opinion de M. Dumas.

M. DUMAS. — Nous considérons que le travail à domicile est un travail de qualité inférieure. Le patron, l'industriel n'est intéressé à maintenir le travail à domicile qu'à la condition de le payer à un prix inférieur. Chaque fois qu'il se crée une industrie nouvelle demandant un apprentissage plus long, une plus grande habileté, on constate que le patron a tendance à substituer le travail industriel au travail à domicile, mais il maintient une certaine proportion de travail à domicile, précisément en raison de la faculté qu'il a de léser plus facilement les ouvrières...

M. JAY. — Il y a bien d'autres éléments qui interviennent...

M. DUMAS. — Pour moi, cest le principal.

M. JAY. — Il y a, par exemple, en dehors de l'économie de salaire, l'économie d'impôt, l'économie de local, l'économie de l'amortissement qui militent en faveur du domicile...

M. DUMAS. — Je n'en disconviens pas, mais il n'en est pas moins vrai, à mon sens, que le facteur le plus important du maintien du travail à domicile est l'infériorité des salaires payés. Il est certain que, à l'exception du travail de luxe, le travail en série, fait à l'atelier, est bien supérieur à celui exécuté à domicile. Par exemple, nous voyons qu'on ne fait la chaussure à domicile que pour la grosse chaussure ou la chaussure a bon marché ; de plus en plus, la grande usine se substitue aux ouvriers dispersés. M. Aftalion a développé cette idée dans un livre que j'ai trouvé très intéressant parce qu'il est venu compléter les observations que j'avais pu faire.

Un certain nombre de personnes sont désireuses de maintenir la femme dans son foyer ; nous, nous considérons que la femme qui travaille chez elle est dans des conditions inférieures à celles où elle se trouve quand elle travaille en atelier.

Il est bien entendu, et il ne saurait y avoir de méprise sur ce point, que je ne m'élève pas contre l'augmentation des salaires, mais si j'ai parlé ainsi que je l'ai fait, c'est simplement pour vous faire voir les divers côtés de la question.

Mᵉ Debray. — Vous dites que le travail à domicile est inférieur au travail effectué en atelier. Cela dépend des cas que vous envisagez. Généralement, l'ouvrière a appris son métier en atelier, elle le connaît parfaitement ; ce n'est qu'une fois mariée, une fois mère de famille qu'elle travaille chez elle. Elle fait alors, à domicile, son travail aussi bien qu'elle le ferait à l'atelier.

Ce qui n'est pas juste c'est qu'on donne pour un travail fait à domicile, absolument identique à celui fait en atelier, un salaire inférieur.

Nous demandons, puisque l'ouvrière peut faire à domicile le même travail qu'en atelier, qu'elle reste à son foyer...

Ce que vous dites peut être vrai pour les vêtements d'hommes, mais, la femme fait souvent des travaux de luxe, des travaux de broderie, et ce qu'elle fait chez elle est tout aussi soigné que ce qui est fait en atelier.

M. le Président. — S'il m'était permis de faire une

observation, j'ajouterais ceci : je crois que le but de la loi, ce n'est pas de pousser les ouvrières soit vers le travail à domicile, soit vers le travail dans l'usine ; je considère que si l'on voulait lui asssigner ce rôle-là, on risquerait beaucoup de la faire dévier de son véritable but, de la rendre tout à fait impraticable, de la rendre inutile.

Le véritable objet de la loi est d'assurer à l'ouvrière à domicile un salaire qui corresponde vraiment à l'effort qu'elle fournit, au travail qu'elle rend et qui fasse disparaître, au moins dans sa partie la plus horrible, je dirai, l'exploitation de l'ouvrière à domicile.

Je ne crois pas qu'il faille trop se préoccuper de donner à l'ouvrière à domicile le même salaire qu'à l'ouvrière en atelier : c'est une autre question. Si l'on voulait, et je comprends très bien toutes les raisons qu'on peut donner en faveur du travail à domicile de la femme, si on voulait, poussé par ces considérations, arriver à donner à l'ouvrière à domicile un traitement privilégié par rapport à l'ouvrière en atelier, je craindrais beaucoup qu'on arrive à la conséquence signalée par M. Dumas, qu'on fasse disparaître le travail à domicile parce que les industriels n'auraient plus d'intérêt à y avoir recours.

M. Dumas. — Voulez-vous me permettre un simple mot pour que je puisse me mettre d'accord avec la dame qui a pris la parole tout à l'heure.

Il y a des travaux de luxe qui se font actuellement à domicile, qui continueront à y être exécutés pendant un temps plus ou moins long : le vêtement sur mesures pour hommes, la lingerie etc. ; ce n'est point de ces travaux que j'ai voulu parler, mais du travail, en série, de qualité moyenne, s'adressant à la clientèle la plus nombreuse. Pour ces genres de travaux, il est incontestable que le travail industrialisé est supérieur comme rendement, régularité et qualité.

M. Borel. — Avec M. Borderel et d'autres personnes, je suis de ceux qui sont convaincus qu'il faut maintenir l'ouvrière à domicile le plus possible. J'ai toujours soutenu que tout ce qui serait de nature à conserver la femme au foyer devrait être développé, parce que c'est vraiment là que la femme est à sa place, c'est là qu'elle apprend à être véritablement mère de famille, à aimer son intérieur ; c'est là que la plusgrande partie de son rôle social doit se jouer. J'ai donc été ému en entendant dire, tout à l'heure, que la suppression du travail à domicile, dans certaines catégories tout au moins, tendait à devenir le desideratum de certains professionnels.

Vous disiez, et vous parliez certainement des tailleurs, des apiéceurs, que le travail en atelier était mieux fait que celui exécuté à domicile. Je vous demande si vous ne pensez pas que la supériorité vient surtout de la division du travail ? De plus pour ce que je connais de la question au point de vue technique peut-être que si le travail, dans cette industrie, est inférieur quand il est fait à domicile, cela provient de la qualité plus ou moins bonne de la main-d'œuvre, alors que, dans l'atelier, il y a un entraînement, une continuité d'effort,

J'en conclus que vos observations ne s'appliquent qu'à certaines catégories de travailleurs à domicile. Ce que l'on a visé plus particulièrement, au conseil supérieur et un peu partout, c'est le travail des femmes ; les hommes sont moins exploités ; en somme, la catégorie intéressante dans le travail à domicile, c'est le travail de la femme.

J'ajoute que, de l'enquête qui a été faite, il ne résulte pas que le travail à domicile soit inférieur.

Avec M. le Président, j'estime qu'il ne faut pas trop tendre à faire du travail à domicile un travail rémunéré comme celui fait à l'atelier, parce qu'il y a à tenir compte d'un certain nombre de facteurs. Il est évident que la pièce faite à l'atelier demandera moins de temps, parce que là on ne quittera pas son travail, comme on le fera si on est chez soi.

Ce que je tenais à dire, c'est que nous nous éloignerions singulièrement du but que nous avons recherché si nous arrivions à la suppression du travail à domicile, qui intéressse en majorité la main-d'œuvre féminine...

M. Dumas. — Il ne s'agit pas d'un désir, il ne s'agit pas d'une question morale, il s'agit de constater un fait.

M. Jay. — J'ai toujours espéré qu'à plus d'un égard la loi servirait la cause du travail à domicile, et cela notamment parce qu'elle ferait des travailleurs à domicile des travailleurs plus compétents. La misère extrême d'un grand nombre d'ouvrières à domicile n'est pas faite pour faire d'elles des ouvrières habiles, des ouvrières laborieuses, des ouvrières pouvant donner du bon travail. Il me paraît que la répercussion que l'élévation de leurs salaires aura sur toute leur existence sera telle que leur qualité professionnelle en sera améliorée.

J'ajouterai que l'organisation syndicale dont vous parliez est aussi de nature à élever la capacité de l'ouvrière.

M. Borderel. — C'est incontestable.

M. Dumas. — Ma situation est assez embarrassante, et je crains que nous ne parlions pas tout à fait le même langage. J'ai voulu montrer pour votre thèse, le danger qu'il y aurait à élever par trop le prix du travail à domicile. Il est indéniable qu'il n'y a pas là une question morale, mais bien un fait.

Je ne conteste pas qu'il y ait des raisons qui puissent faire préférer le travail à domicile : la femme reste à son foyer, elle peut s'occuper de ses enfants, faire son ménage, sa cuisine ; le mari, ainsi, n'est pas obligé de prendre ses repas au restaurant ; mais il n'en est pas moins vrai que le travail à domicile, dans la mesure où il subsistera, sera toujours une prime à l'exploitation. J'ai vu, dans l'industrie du caleçon, par exemple, des caleçons qui avaient passé entre les mains de quatre ou cinq sous-entrepreneuses et qui étaient payés 15 centimes à l'ouvrière.

Quant à la loi, vous avez entendu ce que j'en pense ; je considère que c'est un commencement de protection de l'ouvrière. Sur ce terrain, nous pouvons nous mettre d'accord.

Mais, encore une fois, vous n'empêcherez pas que le travail tende à s'industrialiser. Ainsi, depuis quarante ans, les tailleurs ont vu leurs salaires diminuer...

M. BORDEREL. — A ce sujet, nous avons entendu dire que les tailleurs qui étaient venus s'intaller à Paris n'employaient que des Allemands, ce qui faisait une terrible concurrence aux ouvriers français. Mais, il est permis d'espérer, aujourd'hui, que nous ne verrons plus cette source de concurrence et que les salaires pourront se maintenir à des taux rémunérateurs pour les ouvriers.

J'insiste sur ce fait, qui s'est produit non seulement pour les tailleurs, mais dans un certain nombre d'industries. Ne croyez pas que ces Allemands faisaient de mauvaises affaires : ils avaient des subsides qui représentaient pas mal d'espionnages, et, qui, espérons-le, n'existeront plus.

M. JAY. — La discussion a pris une tournure très intéressante, dont je me félicite le premier ; cependant, il serait, je crois, bon qu'avant de se séparer l'assemblée concentrât un instant son attention sur les deux questions d'intérêt pratique, capitales, particulièrement visées par

M. le professeur Tissier dans ses observations du début de la séance. Les syndicats peuvent-ils agir, si le tarif affiché ne correspond pas au minimum fixé au temps ou porte des chiffres inférieurs à ceux arrêtés par les comités d'expertise ? Le syndicat peut-il agir en justice pour faire redresser le tarif, sans attendre qu'une ouvrière ait été mal payée?

M. Tissier n'en doute pas. Je suis de son avis ; mais il serait intéressant de savoir l'opinion de ceux qui sont réunis ici.

M. Capitant. — Je m'excuse de présenter des observations dépuées d'intérêt à côté de celles toutes baignées d'expérience pratique qui viennent de nous être faites par les différents orateurs. Je dirai bien volontiers un mot sur les questions d'ordre juridique auxquelles vient de faire allusion mon ami M. Jay, et sur les difficultés qui ont été si savamment abordées par mon collègue et ami M. Tissier.

La loi donne aux syndicats professionnels le droit d'agir en justice; elle leur donne, dit-elle, une action civile. Que signifient ces mots?

Ils signifient que les syndicats ont le droit de réclamer des dommages-intérêts et cela sans avoir besoin de prouver le préjudice causé aux intérêts collectifs qu'ils représentent, car la loi, se conformant à la nouvelle jurisprudence créée par la Cour de cassation dans son arrêt des Chambres réunies de 1913, dispense le syndicat de la preuve, fort difficile, du dommage matériel, objectif, qu'ont subi les intérêts communs de la profession.

Voilà donc un syndicat professionnel autorisé à agir toutes les fois qu'il y a, dit la loi, inobservation de ses dispositions, termes formels qui ne permettent pas l'hésitation. Inobservation, c'est-à-dire toutes les fois que la loi a été violée, dans une quelconque de ses dispositions, soit dans celles qui sont sanctionnées pénalement par une poursuite judiciaire devant le tribunal de simple police, soit pour celles qui n'entraînent pas de pénalités.

M. Tissier a soulevé une autre question sur laquelle je me trouve en désaccord avec lui ; je voudrais pouvoir le suivre sur son terrain, mais il ne me paraît pas suffisamment solide. M. Tissier nous dit que, d'après la loi, les syndicats pourraient aujourd'hui faire davantage, qu'ils pourraient au cas où les ouvrières n'ont pas touché le salaire normal, conforme aux tarifs affichés demander au conseil des prud'hommes de condamner l'entrepreneur à verser à ces ouvrières le supplément, c'est-à-dire la différence entre le salaire payé et celui qui aurait dû l'être, et cela sans que ces ouvrières leur aient donné le mandat d'agir en leur nom.

C'est une question fort intéressante, c'est peut-être la plus grosse de toutes celles que notre rapporteur a abordées, car il est bien à craindre que les ouvrières n'osent pas intenter ces actions elles-mêmes, de peur des conséquences qu'elles emporteraient pour elles, de peur d'être renvoyées. Il serait donc fort utile que le syndicat pût agir en justice et demander pour elles le supplément de salaire qui leur reste dû. Seulement, je ne crois pas que le syndicat puisse se lancer sur ce terrain, parce qu'il y a toujours eu et parce qu'il reste une distinction essentielle entre l'action individuelle et l'action syndicale. L'action syndicale seule est au service du syndicat parce qu'il est le représentant des intérêts collectifs de la profession. Donc le syndicat qui agira en justice devra réclamer des dommages-intérêts pour son propre compte, mais il ne pourra jamais agir, au nom des ouvrières, pour demander que le supplément de salaire leur soit payé, car il s'agit là d'action personnelle, d'action individuelle, et qu'on a toujours eu soin, dans notre jurisprudence, de dire que ce genre d'actions était réservé aux individus eux-mêmes.

Tout l'effort de la jurisprudence qui a abouti à l'arrêt des Chambres réunies, du 5 avril 1913, avait précisément tendu à séparer l'intérêt collectif de l'intérêt individuel « un syndicat n'a pas qualité, a dit à maintes reprises la Cour de cassation, pour faire valoir les intérêts individuels de certains de ses membres arguant d'un préjudice particulier » et c'est ce qu'affirme à nouveau l'arrêt pré-cité des Chambres réunies.

Le rapport de M. Tissier incline à penser que la loi sur le minimum de salaire a donné ce droit nouveau aux syndicats. Mais rien, ni dans les travaux préparatoires qui sont muets sur ce point, ni dans le texte, ne vient appuyer cette proposition. L'article 33 k se contente de dire que les associations autorisées et les syndicats professionnels peuvent exercer une action civile fondée sur l'inobservation de la loi, sans avoir à justifier d'un préjudice. Il donne donc purement et simplement aux syndicats le pouvoir d'intenter une action en dommages-intérêts. Mais il ne leur reconnaît pas le droit nouveau, inconnu jusque-là, de requérir une condamnation au nom et dans l'intérêt des ouvrières lésées. Il ne modifie pas le rôle des syndicats, il ne leur confie pas la défense des intérêts privés de leurs adhérents, il n'en fait pas le mandataire légal de ces derniers. Si la loi de 1915 avait voulu réaliser une aussi importante innovation, qui, remarquez-le bien, ferait échec à la règle que nul ne peut intenter d'action en justice pour le compte d'une autre personne, qu'au nom de cette personne et à titre de mandataire désigné par celle-ci, elle n'aurait pas manqué de le dire expres-sément.

Rien ne s'oppose, du reste, à ce qu'un syndicat soit choisi comme mandataire par les intéressées, si celles-ci y consentent. On peut toujours se faire représenter en justice par qui on veut, même par un incapable, pourvu que, bien entendu, les mandants apparaissent en nom dans l'instance. Et il est certain que le syndicat est encore le mieux placé de toutes les personnes qui entourent les ouvrières pour les représenter en justice : on a dit, avec raison que c'est le meilleur agent d'affaires pour les membres qui le composent.

Il reste une autre question qui n'est pas sans intérêt : c'est la question de la prescription de l'action en justice.

L'article 33 *j* a établi une prescription fort courte, qui est de 15 jours à partir du paiement du salaire. Dans la pratique, l'ouvrière ne pourra agir que si elle entame son action dans les quinze jours, car, il y a, comme le faisait remarquer le rapporteur, une prescription de six mois, qui est la prescription de droit commun pour les salaires, mais qui ne joue que si aucune partie du salaire n'a été versée aux ouvrières. Or, le plus souvent, le chef d'entreprise aura payé un salaire insuffisant, et l'ouvrière réclamera la différence entre ce qu'elle a touché et ce qu'elle aurait dû recevoir ; il sera donc indispensable qu'elle qu'elle agisse dans les 15 jours.

Je ne doute pas qu'elle pourra agir non seulement à la suite du premier payement irrégulier qu'elle aura reçu, mais plus tard, à l'occasion de tout nouveau payement fait en application du même tarif, quand bien même elle n'aurait pas protesté jusque-là. Les raisons développées par le rapport sont, à mon avis, décisives.

Une autre question se pose alors, celle de la prescription applicable à l'action des syndicats et des associations. Notre rapporteur croit que l'action des syndicats se prescrit par le même délai que l'action des ouvrières, c'est-à-dire que les syndicats professionnels devraient agir eux aussi dans la quinzaine qui suit le paiement. Il en donne cette raison que le chef d'entreprise a besoin d'être fixé rapidement sur les poursuites qui pourraient être intentées contre lui.

C'est une solution rigoureuse à laquelle je me permets d'opposer quelques objections.

D'abord, elle ne se trouve pas écrite par la loi, et nous ne devons pas donner une interprétation extensive à une disposition qui déroge au droit commun de la prescription, et qui d'après le texte, ne concerne que les réclamations des ouvrières.

D'autre part, on comprend fort bien que le législateur ait restreint à un aussi court délai le droit de réclamation de l'ouvrière, car si celle-ci accepte sans protester le salaire qui lui est payé, c'est qu'elle renonce par là même à agir en justice. Il n'y a pas, au contraire, à présumer une pareille renonciation de la part du syndicat qui, lui, n'a pas été partie au paiement. Au surplus, la situation du syndicat et celle de l'ouvrière sont bien différentes, l'action syndicale est plus lente à mettre en mouvement que l'action individuelle.

Telles sont les quelques observations que je voulais présenter.

M. TISSIER. — Une première question a été examinée par mon collègue et ami, M. Capitant : le syndicat peut-il demander au conseil des prud'hommes d'ordonner le paiement du salaire au profit des ouvrières ?

M. Capitant croit que le syndicat peut demander des dommages-intérêts, mais qu'il ne peut pas demander le complément du salaire, que ce serait exercer une action individuelle des ouvrières.

Je répondrai simplement que ce n'est pas l'action individuelle qui est exercée par le syndicat, quand il demande au Conseil des prud'hommes d'imposer aux patrons le paiement du salaire complet. Il exerce, au contraire, une action du syndicat, ainsi que l'y autorise la loi. La loi dit, en effet, que les syndicats peuvent exercer une action civile basée sur l'inobservation de la présente loi.

Le syndicat a le droit de demander que la loi soit respectée. Il ne sagit pas d'une condamnation personnelle prononcée au profit de l'ouvrière, mais d'une condamnation obtenue par le syndicat. Je crois que cette manière de voir est conforme à l'article 33 de la loi du 10 juillet 1915.

Je reconnais que cela peut paraître exorbitant au point de vue des précédents du droit civil, mais j'estime que c'est cela qu'a voulu le législateur.

M. Borel. — En admettant la thèse de M. le professeur Capitant, voilà une ouvrière qui est forclose au bout de 15 jours. Voilà, d'autre part, un syndicat, auquel elle n'est pas adhérente, qui, au bout de 4 mois, apprenant qu'on n'a pas appliqué la loi, assigne devant les prud'hommes. Il ne pourra pas parler de l'ouvrière, puisqu'elle est forclose…

M. Tissier. — Dans ce cas-là, c'est bien certain.

M. Capitant. — Je serais d'accord avec M. Tissier s'il avait dit que les dommages seront payés au syndicat. Je veux bien que le conseil des prud'hommes condamne le patron contrevenant à verser le supplément de salaire dans la caisse du syndicat, ce n'est qu'une façon de comprendre les dommages et intérêts. Mais la difficulté me paraît être de savoir si le syndicat peut agir au nom de l'ouvrière sans mandat de celle-ci et demander au tribunal que le supplément de salaire soit versé à l'intéressée. C'est sur ce point-là que je ne peux pas le suivre, parce qu'il n'est pas douteux qu'il s'agit là d'un intérêt individuel.

Voulez-vous me permettre de vous rappeler l'arrêt des Chambres réunies auquel je faisait allusion tout à l'heure. Il s'agissait du syndicat français de la viticulture qui poursuivait un marchand de vin qui avait falsifié son vin. Le syndicat déclarait qu'il avait causé un préjudice aux intérêts collectifs de la corporation. L'arrêt a soin de dire : Le syndicat n'agit pas pour défendre les intérêts des voisins de ce marchand de vin, qui, eux, ont été lésés, qui, eux pourraient réclamer des dommages et intérêts. Ce n'est pas son affaire. Le syndicat ne représente pas l'intérêt personnel de ses membres ; il ne représente que les intérêts moraux collectifs de la profession, et c'est parce qu'il agit au nom de la profession que son action est recevable devant nous. Or, la loi de 1915, n'a en rien modifié, me semble-t-il, cette distinction essentielle.

M. LE PRÉSIDENT. — Je m'excuse de devancer M. Tissier, mais je vous demande la permission de prendre la parole parce que l'autorité de M. Capitant donne à la thèse qu'il soutient une force très grande et que je trouve, il me permettra de le dire, dangereuse.

Je crois que la loi de 1915 fait un pas de plus que la loi de 1884 et que, par conséquent, ce ne serait pas aller assez loin que d'appliquer à l'interprétation de la loi de 1915 an arrêt fondé sur l'interprétation de la loi de 1884.

Qu'est-ce que soutient M. Tissier ? Ceci : c'est qu'un syndicat professionnel, qui est investi par la loi nouvelle de ce droit, tout de même nouveau, d'intenter une action

civile pour faire respecter la loi, a le droit de demander
au tribunal de lui allouer des dommages-intérêts qui soient
précisément la représentation exacte de l'observation de
la loi. De même que ce syndicat n'a pas besoin de justifier d'un préjudice, qu'il n'a pas besoin même, comme le
syndicat de la viticulture, d'invoquer l'atteinte portée
aux intérêts de la profession, il n'appartient pas à la profession si on parle d'une de ces associations spéciales
prévues par la loi et fondée uniquement pour en assurer
le respect, je ne vois pas qu'il y ait un empêchement
quelconque dans les principes du droit à ce que le tribunal déclare qu'à titre de dommages-intérêts, le patron,
convaincu de n'avoir pas observé la loi, est condamné à la
respecter, à payer, en conséquence, non pas telle ou telle
ouvrière individuellement visée, mais à ses ouvrières le
salaire qui leur est dû, autrement dit à observer la loi
que le syndicat ou l'association a su ne pas être observée,
cette observation étant le principe même de son action.
Il me paraît y avoir une harmonie complète entre le droit
donné aux associations de poursuivre pour inobservation
et un jugement qui condamnera un patron à observer la
loi en payant aux ouvrières le complément de salaire
qu'il est convaincu de ne pas leur avoir donné.

M. Capitant. — Si vous discutez pour l'avenir je suis de
votre avis, et la question des astreintes permettra de dire
que si le patron continue à payer un salaire inférieur il
devra des dommages-intérêts. Mais, s'il s'agit du passé,
je crois que la lecture de l'article 33 *k* ne vous permet pas
de dire que la loi donne aux syndicats le droit d'exercer
autre chose que l'action syndicale.

La question devient assez ténue : il s'agit du passé,
d'une créance personnelle aux ouvrières. C'est à ce seul
point de vue que je me suis placé.

M. TISSIER. — Si on envisage le cas spécial des associations, que M. le Président a très heureusement rappelé tout à l'heure, je ne crois pas que mon collègue Capitant puisse soutenir que les associations visées par la loi n'ont pas le droit d'exiger le paiement du complément de salaire, on ne peut pas opposer les règles restrictives des syndicats, il n'y a pas parler dans ce cas de l'arrêt des Chambres réunies, ni de la jurisprudence. Il s'agit d'une association absolument désintéressée, d'une association philanthropique ; elle a reçu un mandat public qui est de faire respecter la loi : elle peut donc demander le paiement du complément de salaire. Si nous prenons le cas de l'association, il me semble que le doute se dissipe. Et si nous remarquons que les syndicats reçoivent le même droit, la conclusion que j'ai soutenue se justifie pleinement.

Il ne faut pas parler de l'arrêt de 1913, il a été rendu en matière pénale : il s'agit d'une partie civile qui exerce une action directe. C'est un droit tout spécial. En réalité, ce sont des questions toutes différentes que soulève l'exercice d'une action civile devant un tribunal de répression : une partie civile ne peut que demander des dommages-intérêts ; un syndicat au criminel ne peut rien faire d'autre. Ici, nous sommes devant les prud'hommes, nous demandons l'exécution de la loi ; nous demandons le paiement du salaire complet. Je crois que l'interprétation que j'indique est plus conforme au texte de la loi.

M. CAPITANT. — La question des associations est évidemment délicate, mais il s'agit d'associations autorisées par le législateur, d'associations que le législateur considère comme les défenseurs des intérêts de la profession, qu'il assimile à des syndicats : donc la question se pose dans les mêmes termes pour les uns et pour les autres.

M. TISSIER. — C'est comme si on avait donné au procureur de la République le droit d'agir au civil; il pourrait demander l'application de la loi et le paiement du complément de salaire.

M. LE PRÉSIDENT. — Je comprends très bien que vous déniiez à une des ouvrières le droit de trouver dans le jugement un titre qui lui permette de faire exécuter la condamnation. D'accord. Mais, lorsque le jugement aura condamné un patron à payer pour le passé à ses ouvrières le complément du salaire dû, et, s'il ne s'exécute pas, le moyen d'exécution sera précisément dans une action nouvelle, soit de l'association, soit du syndicat appelant à nouveau le patron devant le tribunal et le faisant condamner à des dommages-intérêts plus élevés. Je ne substitue pas l'action indiv'duelle de l'ouvrière à l'action du syndicat, mais je crois qu'un des modes du dommage-intérêt peut être la condamnation du patron à payer aux ouvrières pour le passé, le complément du salaire: *adhuc sub judice lis est.*

Je vous remercie infiniment, Mesdames et Messieurs, de l'attention que vous avez bien voulu apporter à un débat, à certains moments assez austère, mais qui, dans son ensemble, a été extrêmement intéressant et d'un intérêt pratique tout à fait remarquable.

Vous savez que, grâce à l'obligeance de M. Tissier, nous avons pu poser en principe la constitution d'un Comité dont M. Tissier veut bien accepter la présidence et qui aura pour but l'examen des questions pratiques qui découlent de la loi nouvelle. Si, au cours des questions qui, je l'espère, seront posées au fur et à mesure à ce comité, nous venions à estimer qu'une réunion nouvelle est utile pour éclairer tel ou tel point, pour donner des renseignements plus précis, nous ne manquerions pas de le faire, et, dès à présent, je fais appel à tous ceux qui sont ici, patrons, ouvriers, représentants de syndicats, et je les assure que nous serons très heureux de répondre à toutes les questions qu'ils pourront nous poser et d'aider ainsi, dans la mesure de nos forces, à l'application de la loi nouvelle.

ANNEXE

LOI du 10 juillet 1915 portant modification des titres III et V du livre Ier du Code du travail et de la prévoyance sociale (*salaire des ouvrières à domicile dans l'industrie du vêtement*).

Article premier. — Le chapitre Ier du titre III du livre Ier du Code du travail et de la prévoyance sociale est modifié comme suit :

« Chapitre premier. — De la détermination du salaire. — Section I. — Du salaire des ouvrières exécutant à domicile des travaux rentrant dans l'industrie du vêtement.

« *Art. 33.* — Les dispositions de la présente section sont applicables à toutes les ouvrières exécutant à domicile des travaux de vêtements, chapeaux, chaussures, lingerie en tous genres, broderie, dentelles, plumes, fleurs artificielles, et tous autres travaux rentrant dans l'industrie du vêtement.

« *Art. 33* a. — Tout fabricant, commissionnaire ou intermédiaire, faisant exécuter à domicile les travaux ci-dessus visés, doit en informer l'inspecteur du travail et tenir un registre indiquant le nom et l'adresse de chacune des ouvrières ainsi occupées.

« *Art. 33* b. — Les prix de façon fixés, pour les articles faits en série, par tout entrepreneur de travaux à domicile, sont affichés en permanence dans les locaux d'attente ainsi que dans ceux où s'effectuent la remise des matières premières aux ouvrières et la réception des marchandises après exécution.

« Cette disposition ne s'applique pas au domicile privé des ouvrières lorsque la remise de ces matières et la réception des marchandises y sont directement effectuées par les soins des fabricants, des commissionnaires ou des intermédiaires.

« *Art. 33 c.* — Au moment où une ouvrière reçoit du travail à exécuter à domicile, il lui est remis un bulletin à souche ou un carnet indiquant la nature, la quantité du travail, la date à laquelle il est donné, les prix de façon applicables à ce travail ainsi que la nature et la valeur des fournitures imposées à l'ouvrière. Les prix nets de façon ne peuvent être inférieurs, pour les mêmes articles, aux prix affichés en vertu de l'article précédent.

« Lors de la remise du travail achevé, une mention est portée au bulletin ou carnet indiquant la date de la livraison, le montant de la rémunération acquise par l'ouvrière et des divers frais accessoires laissés à sa charge par le fabricant, commissionnaire ou intermédiaire dans les limites prévues par l'article 50 du présent livre, ainsi que la somme, nette payée ou à payer à l'ouvrière après déduction de ces frais.

« Les mentions portées au bulletin ou carnet doivent être exactement reportées sur la souche du bulletin ou sur un registre d'ordre.

« Les souches et registres visés à l'alinéa précédent doivent être conservés pendant un an au moins par le fabricant, commissionnaire ou intermédiaire et tenus par lui constamment à la disposition de l'inspecteur.

« Toutes mentions inexactes portées sur les bulletins, carnets, souches et registres visés au présent article sont passibles des peines prévues à l'article 99 *a*.

« *Art. 33* d. — Les prix de façon applicables au travail à domicile doivent être tels qu'ils permettent à une ouvrière d'habileté moyenne de gagner en dix heures un salaire égal à un minimum déterminé par les Conseils du travail, ou, à leur défaut, par les Comités de salaires, pour la profession ou pour la région, dans les conditions indiquées aux articles 33 e, 33 f et 33 g ci-après.

« *Art. 33 e.* — Les Conseils du travail constatent le taux du salaire quotidien habituellement payé dans la région aux ouvrières de même profession et d'habileté moyenne travaillant en atelier, à l'heure ou à la journée, et exécutant les divers travaux courants de la profession.

« Ils déterminent, d'après le chiffre ainsi établi, le minimum prévu à l'article 33 d.

« Dans les régions où, pour la profession visée, le travail à domicile existe seul, les conseils du travail fixent le minimum d'après le salaire moyen des ouvrières en atelier exécutant des travaux analogues dans la région ou dans d'autres régions similaires, ou d'après le salaire habituellement payé à la journalière dans la région.

« Le minimum ainsi fixé sert de base aux jugements des Conseils de prud'hommes ou à ceux des juges de paix dans les différends qui peuvent leur être soumis au sujet de la présente section.

« Les Conseils du travail procèdent tous les trois ans au moins à la revision de ce minimum.

« *Art. 33 f.* — S'il n'existe pas de Conseil du travail dans la profession et dans la région, il est institué, au chef-lieu du département, un Comité de salaires des ouvrières à domicile auquel sont dévolues les attributions données au Conseil du travail par l'article précédent.

Ce Comité est composé du juge de paix ou du plus ancien des juges de paix en fonctions au chef-lieu du département, président de droit, de deux à quatre ouvriers ou ouvrières et d'un nombre égal de patrons appartenant aux industries visées par la présente loi.

« Les membres du Comité sont choisis par les présidents et vice-présidents de section des Conseils de prud'hommes existant dans le département.

« A défaut de Conseils de prud'hommes ayant compétence dans le département, ou si les présidents et vice-pré sidents de section n'ont pu réaliser un accord sur ce choix, les membres du Comité sont désignés par le président du Tribunal civil.

« *Art. 33 g*. — Il est en outre, institué, à défaut de Conseil du travail, un ou plusieurs Comités professionnels d'expertise.

« Chacun de ces Comités comprend deux ouvrières et deux patrons (hommes ou femmes), appartenant aux industries du vêtement et exerçant leur profession dans le département.

« Le Comité est présidé par le juge de paix du canton où siège le Comité.

« Les membres des Comités sont choisis par la réunion des présidents et des vice-présidents de section des Conseils de prud'hommes fonctionnant dans le département. S'il n'existe pas de Conseil de prud'hommes, ils sont désignés par le Préfet.

« Les Conseils du travail, ou, à leur défaut, les Comités professionnels d'expertise peuvent dresser d'office ou dressent, sur la demande du Gouvernement, des Conseils de prud'hommes ou des Unions professionnelles intéressées, avec toute la précision possible, le tableau du temps nécessaire à l'exécution des travaux en série pour les divers articles et les diverses catégories d'ouvrières dans les professions et régions où s'étendent leurs attributions.

« Le minimum de salaire applicable aux articles fabriqués en série résultera du prix minimum du salaire à l'heure fixé par les Comités de salaires multiplié par le nombre d'heures nécessaires à l'exécution du travail afférent à ces articles.

« Les juridictions compétentes ont la faculté de consulter les Comités professionnels d'expertise pour l'évaluation du temps nécessaire à l'exécution des travaux à la pièce non compris dans les tableaux des travaux en série.

« Les indications fournies dans ces conditions servent de base aux jugements des Conseils de prud'hommes ou des juges de paix dans les différends soulevés devant eux à l'occasion du travail relatif aux articles exécutés à la pièce.

« *Art. 33* h. — Les chiffres des salaires minima et de tous salaires constatés ou établis par les conseils du travail et par les comités spéciaux en vertu des articles 33 *e*, 33 *f* et 33 *g*, sont publiés par les soins du préfet et sont insérés notamment au Recueil des Actes administratifs du département.

« Si, dans un délai de trois mois à partir de la publication d'un minimum de salaire arrêté par le conseil du travail ou par un comité de salaires, ou d'un tarif établi par le conseil du travail ou par un comité professionnel d'expertise, une protestation est élevée contre leur décision, soit par le Gouvernement, soit par toute association professionnelle ou toute personne intéressée dans la profession, il est statué, en dernier ressort, par une commission centrale siégeant au Ministère du Travail et composé ainsi qu'il suit :

« Deux membres (un patron et un ouvrier) du conseil du travail ou du Comité départemental qui a déterminé le salaire minimum;

« Les deux représentants (patron et ouvrier) élus pour trois ans par l'ensemble des conseils de prud'hommes;

« Un enquêteur permanent de l'Office du travail désigné par le Ministre du Travail et de la Prévoyance sociale et qui remplira les fonctions de secrétaire de la commission avec voix délibérative;

Un membre de la Cour de cassation désigné par celle-ci pour trois ans, qui sera de droit président de la commission centrale et dont la voix sera prépondérante en cas de partage égal des votes. .

« Après l'expiration du délai de trois mois ou après la décision de la commission centrale, le minimum devient obligatoire dans le ressort du Conseil du travail ou du Comité départemental qui l'a établi.

« Dans le cas ou un conseil du travail ou un comité départemental modifierait sa décision relative au chiffre d'un minimum de salaire, le chiffre antérieurement fixé demeure obligatoire jusqu'à l'expiration du délai de trois mois, ou, en cas de protestation, jusqu'à la décision de la commission centrale.

« Un règlement d'administration publique déterminera les conditions de publicité prévues ci-dessus, le fonctionnement de la commission centrale et l'emploi des crédits nécessaires à ce fonctionnement.

« *Art. 33 i.* — Les conseils de prud'hommes, dans l'étendue de leur juridiction, et leur défaut, les juges de paix sont compétents pour juger toutes les contestations qui naîtront de l'application de la présente section, et notamment pour redresser tous comptes de salaires inférieurs au minimum défini aux articles précédents.

« La différence constatée en moins entre le salaire payé et celui qui aurait dû l'être doit être versée à l'ouvrière insuffisamment rétribuée, sans préjudice de l'indemnité à laquelle l'employeur pourra être condamné au bénéfice de celle-ci.

« Tout fabricant, commissionnaire ou intermédiaire est civilement responsable lorsque c'est de son fait que le salaire minimum n'a pu être payé.

« *Art. 33 j.* — Les réclamations des ouvrières touchant le tarif appliqué au travail par elles exécuté ne sont recevables qu'autant qu'elles se seront produites au plus tard quinze jours après le payement de leurs salaires.

« Le délai ainsi fixé ne s'applique pas à l'action intentée par l'ouvrière pour obtenir à son profit l'application d'un tarif d'espèce établi par un précédent jugement et publié comme il est dit à l'article 33 *l.*

« *Art. 33 k.* — Les associations autorisées à cet effet par décret rendu sur la proposition du Ministre du Travail et de la Prévoyance sociale et les Syndicats professionnels existant dans la région pour les industries visées à l'article 33, même s'ils sont composés en totalité ou en partie d'ouvriers travaillant en atelier, peuvent exercer une action civile basée sur l'inobservation de la présente loi, sans avoir à justifier d'un préjudice, à charge si le défendeur le requiert, de donner caution pour le payement des frais et dommages auxquels ils pourraient être condamnés, à moins qu'ils ne possèdent, en France, des immeubles d'une valeur suffisante pour assurer ce payement.

« La dispositions qui précède ne porte point atteinte aux droits reconnus par les lois antérieures aux Syndicats professionnels.

« *Art. 33* l. — Le Conseil de prud'hommes, ou le juge de paix, à l'occasion de tout différend portant sur la rémunération d'une ouvrière effectuant à domicile quelques-uns des travaux visés à l'article 33, rend publics, par affichage à la porte du prétoire, le chiffre du minimum de salaire qui a servi de base à sa décision et le tarif d'espèce résultant du jugement.

« Tout intéressé et tout groupement visé à l'article 33 *k*, sont autorisés à prendre copie sans frais, au secrétariat du conseil de prud'hommes, ou au greffe de la justice de paix, des chiffres de ces salaires et à les publier.

« *Art. 33* m. — Dans le cas où des ouvriers appartenant aux industries visées à l'article 33 et exécutant à domicile les mêmes travaux que les ouvrières recevraient un salaire inférieur au minimum établi pour celles-ci, le relèvement de ce salaire jusqu'à concurrence dudit minimum pourra être demandé devant les conseils de prud'hommes, ou en justice de paix, dans les mêmes conditions que pour les ouvrières elles-mêmes.

Les dispositions des articles 33 *a, b, c, d, e, f, g, h, i, j, k, l, m,* pourront après avis du Conseil supérieur du travail, et en vertu d'un règlement d'administration publique, être rendues applicables à des ouvrières à domicile appartenant à d'autres industries non visées à l'article 33.

« *Art. 33* n. — Toutes conventions contraires aux dispositions de la présente section sont nulles et de nul effet. »

ART. 2. — La section première du chapitre 1er du titre III du livre 1er du Code du travail et de la prévoyance sociale portera le titre de section II.

Les articles 33 et 34 du livre 1er du Code du travail et de la prévoyance sociale prendront les nos 34 et 34 *a*.

ART. 3. — Le titre V du livre 1er du Code du travail et de la prévoyance sociale est modifié comme suit :

1° Après l'article 99 est inséré l'article 99 *a* suivant :

« *Art. 99* a. — Les fabricants, commissionnaires, intermédiaires ou leurs préposés qui auront contrevenu aux dispositions des articles 33 *a*, 33 *b* et 33 *c* du présent livre seront poursuivis devant le tribunal de simple police et punis d'une amende de cinq francs (5 fr.) à quinze francs (15 fr.).

« Dans les cas de contravention à l'article 33 c, l'amende sera appliquée autant de fois qu'il y aura de personnes à l'égard desquelles les prescriptions dudit article n'auront pas été observées, sans toutefois que le maximum puisse dépasser cinq cents francs (500 fr.).

« En cas de récidive, le contrevenant sera poursuivi devant le tribunal correctionnel et puni d'une amende de seize francs (16 francs) à cent francs (100 fr.).

« Il y a récidive lorsque, dans les douze mois antérieurs au fait poursuivi, le contrevenant a déjà subi une condamnation pour une contravention identique.

« En cas de pluralité de contraventions, entraînant des peines de récidive, l'amende sera appliquée autant de fois qu'il aura été relevé de nouvelles contraventions, sans que le maximum puisse dépasser trois mille francs (3,000 fr.).

« Les tribunaux correctionnels pourront appliquer les dispositions de l'article 463 du Code pénal sur les circonstances atténuantes, sans qu'en aucun cas l'amende, pour chaque contravention, puisse être inférieure à cinq francs (5 fr.).

« Les fabricants, commissionnaires ou intermédiaires sont civilement responsables des condamnations prononcées contre leurs préposés. »

2° L'article 107 est modifié comme suit :

« *Art. 107*. — Les inspecteurs du travail sont chargés concurremment avec les officiers de police judiciaire, d'assurer l'exécution des articles 33 *a*, 33 *b*, 33 c, 75, 76, 77, et, en ce qui concerne le commerce et l'industrie, des articles 43, 44 et 45 du présent livre.

TABLE DES MATIÈRES

TABLE MÉTHODIQUE

des Publications de l'Association nationale française
pour la Protection Légale des Travailleurs

EN VENTE CHEZ F. ALCAN, éditeur, 108, boulevard St-Germain
et Marcel RIVIÈRE, 31, rue Jacob

QUESTIONS GÉNÉRALES

L'Association Internationale pour la protection légale des travailleurs et sa section française, par M. André LICHTENBERGER.

De la sanction par l'autorité publique des accords entre chefs d'entreprises commerciales et industrielles pour l'amélioration des conditions du travail, par MM. A. ARTAUD, membre du Conseil supérieur du Travail ; Maurice DESLANDRES, professeur à la Faculté de droit de l'Université de Dijon ; Justin GODART, député, 1912. — Une brochure, 80 p., in-16 (*Septième série*, n° 3). — 1 fr.

CONVENTIONS INTERNATIONALES DE TRAVAIL

La Conférence officielle de Berne (*Travail de nuit des femmes. — Emploi du phosphore blanc*), par M. A. MILLERAND, député, ancien ministre, 1905, - Une brochure, 20 p., in-16 (*Troisième série*, n° 2). — 0 fr. 60.

La deuxième Conférence officielle de Berne (*Travail de nuit des jeunes ouvriers. — Journée de 10 heures*), par M. A. MILLERAND, député, ancien ministre, 1913. — Une brochure, 51 p. in-16 (*Nouvelle série*, n° 6). — 1 franc.

PROTECTION LÉGALE DES EMPLOYÉS

La protection légale de l'employé et la réglementation du travail des magasins, par M. A ARTAUD, membre du Conseil supérieur du Travail 1903. — Une brochure, 35 p., in-16 (*Première série*, n° 5). — 0 fr. 60.

La réglementation légale de la durée du travail des employés, par M. Edgard DEPITRE, professeur à la Faculté de droit de l'Université de Lille. 1911. — Une brochure, in-16 (*Publications de la section du Nord. Sixième série bis*). — 1 fr. 50.

Les Veillées dans le commerce, par M. Charles VIENNET, secrétaire général du Syndicat des Employés du commerce et de l'industrie, 1914. — Une brochure, 49 p., in-16 (*Nouvelle série*, n° 8). — 1 franc.

Cf. Questions générales (*Accords entre chefs d'entreprises*). — Repos hebdomadaire (*Dérogations*).

INDUSTRIE A DOMICILE

La réglementation du travail en chambre, par M. F. FAGNOT, enquêteur à l'Office du Travail, 1904. — Une brochure, 60 p., in-16 (*Première série, n° 7*). — 0 fr. 60

Le travail à domicile en France, par MM. PAUL PIC et A. AMIEUX, 1906 (*Rapport à l'Assemblée générale de Genève*). — 0 fr. 30.

Le minimum de salaire dans l'industrie à domicile, par MM. B. RAYNAUD, professeur à la Faculté de droit de l'Université d'Aix-en-Provence; le comte A. DE MUN, député; l'abbé MÉNY, docteur en droit, 1912. — Un volume, 316 p., in-16 (*Septième série, n° 1*). — 2 fr. 50.

Le minimum de salaire dans l'industrie du vêtement. — La loi du 10 juillet 1915, par M. RAOUL JAY, professeur à la Faculté de droit de l'Université de Paris, 1915. — Une brochure, 68 pages, in-16 (*Nouvelle série, n° 11*). — 0 fr. 50.

Les actions en justice nées de la loi du 10 juillet 1915, sur le minimum de salaire, par M. ALBERT TISSIER, professeur à la Faculté de droit de l'Université de Paris, 1916. — Une brochure, 76 p., in-16 (*Nouvelle série, n° 12*). — 1 franc.

Cf. AUXILIAIRES DE L'INSPECTION (*Ligue sociale d'acheteurs*).

RÉGLEMENTATION DU TRAVAIL DANS LES MARCHÉS DE TRAVAUX PUBLICS

L'application dans la région du Nord et la revision des décrets sur les conditions du travail dans les marchés des administrations publiques, par MM. BARGERON, inspecteur du travail, et MASSON, président du Syndicat des typographes de Lille, 1908. — Une brochure, 90 p., in-16 (*Publications de la section du Nord. Cinquième série bis, n° 2*). — 1 franc.

LÉGISLATION DU TRAVAIL AUX COLONIES

La protection des travailleurs indigènes aux colonies, par M. RENÉ PINON, 1903. — Une brochure, 30 p., in-16 (*Première série, n° 8*). — 0 fr. 60.

TRAVAIL DES ENFANTS

L'âge d'admission des enfants au travail industriel. — Le travail de demi-temps, par M. El. MARTIN-SAINT-LÉON, bibliothécaire du Musée social, 1903. — Une brochure, 43 p., in-16 (*Première série, n° 3*). — 0 fr. 60.

L'emploi des enfants dans les théâtres et cafés-concerts, par M. RAOUL JAY, professeur à la Faculté de droit de l'Université de Paris, 1904. — Une brochure, 17 p., in-16 (*Première série, n° 9*). — 0 fr. 60.

La protection légale des enfants occupés hors de l'industrie. — I. La loi anglaise, par M. EDOUARD DOLLÉANS, 1906. — Une brochure, 68 p. in-16 (*Troisième série, n° 4*). — 0 fr. 60.

La protection légale des enfants employés hors de l'industrie. — II. La loi allemande, par M. HENRY MOYSSET, 1906. — Une brochure, 60 p., in-16 (*Troisième série, n° 5*) — 0 fr. 60.

La protection légale des enfants occupés hors de l'industrie. — III. La situation en France, par MM. G. MÉNY, PAUL GEMAHLING, Mlle BLONDELU, MM. GEORGES PIOT, RAOUL JAY, LÉON VIGNOLS, 1906. — Une brochure, 103 p. in-16 (*Troisième série, n°*). — 0 fr. 60.

Le travail de nuit des adolescents dans l'industrie française, par M. ET. MARTIN SAINT-LÉON, bibliothécaire du Musée social, 1906. — Une brochure, 55 p., in-16 (*Rapport présenté à l'Assemblée générale de Genève*). — 0 fr. 60.

Le travail de nuit des enfants dans les usines à feu continu, par M. F. FAGNOT, enquêteur à l'Office du Travail, 1908. — Une brochure, 56 p., in-16 (*Rapport présenté à l'Assemblée générale de Lucerne*). - 0 fr. 60.

Le travail industriel des enfants, par M. GEORGES ALFASSA, 1908. — Une brochure, 37 p., in-16 (*Rapport présenté à l'Assemblée générale de Lucerne*). — 0 fr. 60.

Le travail de nuit des enfants dans les usines à feu continu, par M. LÉVÊQUE, inspecteur du travail, 1909. — Une brochure, 48 p., in-16 (Publications de la section du Nord (*Sixième série bis, n° 2.*) — 0 fr. 60.

Le travail de nuit des enfants dans les usines à feu continu, par M. l'abbé LEMIRE, député, 1910. — Une brochure, 51 p., in-16 (*Sixième série, n° 4*). — 1 franc.

La réduction du nombre des enfants employés la nuit dans les verreries, par M. LÉVÊQUE, inspecteur du travail, 1911. — (Publications de la section du Nord. *Sixième série bis, n° 2*). — 1 fr. 60.

La deuxième Conférence officielle de Berne (*Travail de nuit des jeunes ouvriers, — Journée de 10 heures*), par M. A. MILLERAND, député, ancien ministre, 1913. — Une brochure, 31 p., in-16 (*Nouvelle série, n° 6*). — 1 franc.

C,. — ACCIDENTS DU TRAVAIL.

TRAVAIL DES FEMMES

La protection légale des femmes avant et après l'accouchement, par M. le docteur FAUQUET, 1903. — Une brochure, 29 p., in-16 (*Première série, n° 1*). — 0 fr. 60.

La Conférence officielle de Berne (*Travail de nuit des femmes*), par M. A. MILLERAND, député, 1905. — Une brochure, 20 p., in-16 (*Troisième série n° 2*). — 0 fr. 60.

De l'extension de la loi du 29 décembre 1900 aux femmes employées dans l'industrie, par Mme DE LA RUELLE, inspectrice du travail, 1906. — Une brochure, 36 p., in-16 (*Troisième série, n° 7*). — 0 fr. 60.

La protection de la maternité ouvrière, par MM. PAUL STRAUSS, sénateur, et LOUIS MARIN, député, 1912. — Une brochure, 100 p., in-16 (*Septième série, n° 2*). — 1 franc.

La maternité ouvrière et sa protection légale en France, par Mme PAUL GEMAHLING, agrégée de l'Université, 1915. — Une brochure, 62 p. in-16 (*Nouvelle série, n° 10*). - 1 franc.

Cf. — INDUSTRIE A DOMICILE. — DURÉE DU TRAVAIL (*Deuxième Conférence officielle de Berne*).

DUREE DE LA JOURNÉE DE TRAVAIL

La réglementation hebdomadaire de la durée du travail. — Le repos du samedi, par MM. Ivan STROHL, industriel, et F. FAGNOT, enquêteur à l'Office du Travail, 1903. — Une brochure, 39 p., in-16 (*Première série, n° 2*). — 0 fr. 60.

La réglementation de la durée du travail dans les mines, par M l'abbé LEMIRE, député, 1904. — Une brochure, 41 p., in-16 (*Première série, n° 6*). — 0 fr. 60.

La durée légale du travail. — Des modifications à apporter à la loi de 1900, par MM. FAGNOT, enquêteur à l'Office du Travail; MILLERAND, député, et STROHL, industriel, 1905. — Un volume, 300 p., in-16 (*Deuxième série*). — 2 fr. 50.

Le contrôle de la durée du travail, par M. GEORGES ALFASSA, 1905. — Une brochure, 59 p., in-16 (*Troisième série, n° 3*). — 0 fr. 60.

La limitation de la journée légale de travail en France, par M. RAOUL JAY, professeur à la Faculté de droit de l'Université de Paris, 1906. — Une brochure, 92 p., in-16 (*Rapport à l'Assemblée générale de Genève.* — 0 fr. 60.

L'organisation du travail dans les usines à feu continu, par M. P. BOULIN, inspecteur divisionnaire du travail, 1912. — Une brochure, 48 p., in-16° (*Rapport présenté à l'Assemblée générale de Zurich*). — 1 fr.

La réglementation du travail dans les usines à marche continue, par M. F. FAGNOT, enquêteur à l'Office du Travail, 1913 (*Nouvelle série, n° 1*). — 1 fr. 50.

La deuxième Conférence officielle de Berne (*Travail de nuit des jeunes ouvriers. — Journée de 10 heures pour les femmes et les jeunes ouvriers*), par M. A. MILLERAND, député, ancien ministre, 1913. — Une brochure, 51 p., in-16 (*Nouvelle série, n° 6*). — 1 franc.

Cf. PROTECTION LÉGALE DES EMPLOYÉS.

REPOS HEBDOMADAIRE et SEMAINE ANGLAISE

La réglementation hebdomadaire de la durée du travail. — Le repos du samedi, par MM. Ivan STROHL, industriel et F. FAGNOT, enquêteur à l'Office du Travail, 1903. — Une brochure, 39 p. in-16 (*Première série, n° 2*). — 0 fr. 60.

Les dérogations au repos collectif du dimanche, par M. PAUL AUBRIOT, député, 1911. — Une brochure, 164 p. in-16 (*Nouvelle série, n° 7*). — 1 franc.

La Semaine anglaise. — Le repos de l'après-midi du samedi, par M. RAOUL JAY, professeur à la Faculté de Droit de l'Université de Paris, 1914. — Une brochure, 66 p. in-16 (*Nouvelle série, n° 9*). — 1 franc.

Cf. DURÉE DU TRAVAIL (*Modifications à la loi de 1900*).

TRAVAIL DE NUIT

Le travail de nuit dans les boulangeries, par M. JUSTIN GODART, député, 1910. — Une brochure, 47 p., in-16 (*Sixième série*, n° 3). — **0 fr. 60.**

Cf. — TRAVAIL DES ENFANTS (*Usines à feu continu*). — TRAVAIL DES FEMMES (*Conférence de Berne*). — PROTECTION LÉGALE DES EMPLOYÉS (*Veillées*).

HYGIÈNE ET SÉCURITÉ DES TRAVAILLEURS

L'interdiction de la céruse dans l'industrie de la peinture, par M. J. L. BRETON, député, 1905. — Une brochure, 50 p., in-16 (*Troisième série*, n° 1). — **0 fr. 60.**

La conférence officielle de Berne (*emploi du phosphore blanc*), par M. A. MILLERAND, député, 1905. — Une brochure, 20 p., in-16 (*Troisième série*, n° 2). — **0 fr. 60.**

Les poisons industriels, par M. GEORGES ALFASSA, ingénieur E. C. P 1906. — Une brochure, 31 p., in-16 (*Rapport à l'Assemblée générale de Genève*). — **0 fr. 60.**

La réforme de la procédure de la mise en demeure, organisée par la loi du 12 juin 1893 - 11 juillet 1903, sur l'hygiène et la sécurité des travailleurs, par M. E. BRIAT, membre du Conseil supérieur du Travail, 1910. — Un volume, 180 p., in-16 (*Sixième série*, n° 2). — **2 fr. 50.**

Les maladies professionnelles, par M. J.-L. BRETON, député, 1911.— Une brochure, 104 p., in-16 (*Sixième série*, n° 5). — **1 fr.**

La réglementation des conditions de sécurité et d'hygiène dans les chantiers de construction, par BERNARD DÉGAILLY, inspecteur départemental du travail à Lille, 1913. — Une brochure, 90 p., in-16. Publication de la section du Nord. (*Nouvelle série*, n° 5). — **1 franc.**

Cf. TRAVAIL DES FEMMES (*Maternité*).

ACCIDENTS DU TRAVAIL

L'Assurance ouvrière et les ouvriers étrangers, par M. HENRI BARRAULT, 1906. — Une brochure, 10 p., in-16 (*Rapport à l'Assemblée générale de Genève*). — **0 fr. 10.**

La réalisation de l'égalité entre nationaux et étrangers, au point de vue de l'indemnisation des accidents du travail par voie de convention internationale par M. A. BOISSARD, 1908. — Une brochure, 10 p., in-16 (*Rapport à l'Assemblée générale de Lucerne*).— **0 fr. 10.**

Les accidents du travail dans l'agriculture, par M. HENRI CAPITANT, professeur à la Faculté de droit de l'Université de Paris, 1909. — Un volume, 142 p., in-16 (*Cinquième série*, n° 6). — **1 fr. 75.**

La prévention des accidents sur les voies ferrées des usines, par M. LÉVÊQUE, inspecteur du travail, 1909. — Une brochure, 33 p., in-16 (Publication de la section du Nord. *Cinquième série bis*, n° 4). — **0 fr. 60.**

Les accidents du travail survenus aux enfants âgés de moins de treize ans, par M. HENRI CAPITANT, professeur à la Faculté de droit de l'Université de Paris, 1913. — Une brochure, 53 p., in-16 (*Nouvelle série* n° 3). — **1 fr.**

PROTECTION DU SALAIRE

La loi du 7 mars 1850 et le mesurage du travail à la tâche, par M. A. BOISSARD, 1908. — Une brochure, 86 p., in-16 (*Cinquième série, n° 2*). — 0 fr. 60.

La saisie-arrêt des salaires et traitements, par M. CHARLES GUERNIER, professeur à la Faculté de droit de Lille, député d'Ille-et-Vilaine, 1913. — Une brochure, 47 p., in-16 (*Nouvelle série, n° 2*). — 1 fr.

Cf. — INDUSTRIE A DOMICILE (*Minimum de salaire*).

CONTRAT DE TRAVAIL

Le contrat de travail (*Examen du projet de loi du gouvernement sur le contrat individuel et la convention collective,* par MM. PERREAU, professeur à la Faculté de droit de l'Université de Paris, et F. FAGNOT, enquêteur à l'Office du Travail, 1907. — Un volume, 219 p., in-16 (*Quatrième série*). — 3 fr. 50.

Le contrat de travail et le Code civil (*Examen des textes que la Commission du Travail de la Chambre des députés propose d'introduire dans le Code civil*), par MM. PERREAU, professeur à la Faculté de droit de l'Université de Paris, et GROUSSIER, député, 1908. — Un volume, 261 p., in-16 (*Cinquième série, n° 3*). — 3 fr. 50.

La Réglementation légale de la Convention collective de Travail, par M. ARTHUR GROUSSIER, député, 1913. — Une brochure, 138 p. in-16 (*Nouvelle série, n° 4*). — 1 fr. 50.

CONFLITS DU TRAVAIL

La grève et l'organisation ouvrière, par M. A. MILLERAND, député, 1906. — Une brochure, 48 p., in-16 (*Troisième série, n° 8*). — 0 fr. 60.

La conciliation dans les conflits collectifs et les travaux de la section du Nord de l'Association, par M. AFTALION, professeur à la Faculté de droit de l'Université de Lille, 1908. — Une brochure, 168 p., in-16 (*Cinquième série, n° 1*). — 0 fr. 60.

Le règlement amiable des conflits du travail, par MM. AFTALION, professeur à la Faculté de droit de l'Université de Lille; ARQUEMBOURG, ingénieur des arts et manufactures, et FAGNOT, enquêteur à l'Office du Travail, 1911. — Un volume 249 p., in-16 (*Sixième série, n° 7*). — 2 fr. 50.

CHÔMAGE

Les caisses de chômage, par M. Ch. DE LAUWEYRENS DE ROOSENDAELE, docteur en droit, 1907. — (Publications de la section du Nord. *Cinquième série bis, n° 1*). — 1 fr.

La lutte contre le chômage dans le Nord, par M. Ch. DE LAUWEYRENS DE ROOSENDAELE, docteur en droit, 1910. — Une brochure, 56 p., in-16. — (Publications de la section du Nord. *Cinquième série bis, n° 5*). — 1 fr.

Les problèmes du chômage, par MM. F. FAGNOT, enquêteur à l'Office du Travail; MAX LAZARD, Docteur en droit, et LOUIS VARLEZ, Président de la Bourse du Travail et du Fonds de Chômage de Gand, 1910. — Un volume, 215 p., in-16 (*Sixième série, n° 1*). — 2 fr. 50.

PLACEMENT

Le placement et sa réorganisation, par MM. Alfred DODANTHUN et Ch. DE LAUWEREYNS DE ROOSENDAELE, Docteurs en droit, 1912. — Une brochure, 79 p., in-16. (Publications de la section du Nord. *Sixième série bis* n° 3). — 1 fr. 50.

CONSEILS DE PRUD'HOMMES

Les demandes reconventionnelles devant le Conseil des prud'hommes, par M. E. BRIAT, membre du Conseil supérieur du Travail, 1911. — Une brochure, 54 p., in-16 (*Sixième série, n° 6*). — 1 franc.

INSPECTION DU TRAVAIL

La réforme de l'Inspection du travail en France, par M. Eugène PETIT, avocat à la Cour d'Appel de Paris, 1909. — Un volume, 298 p., in-16 (*Cinquième série, n° 4*). — 3 fr. 50.

Cf. Durée du travail (*Contrôle*); Hygiène et sécurité (*Mise en demeure*).

AUXILIAIRES DE L'INSPECTION DU TRAVAIL

La Ligue sociale d'acheteurs, par Mme Jean BRUNHES, 1903. — Une brochure, 36 p., in-16 (*Première série, n° 4*). — 0 fr. 60.

Le droit de citation directe pour les associations, par M. Henri HAYEM, 1904. — Une brochure, 21 p., in-16 (*Première série, n° 10*). — 0 fr. 60.

Collaboration des ouvriers organisés à l'œuvre de l'Inspection du travail, par M. Henri LORIN, 1909. — Un volume, 174 p., in-16 (*Cinquième série, n° 5*). — 1 fr. 75.

Cf. Industrie à domicile (*Actions en justice nées de la loi du 10 juillet 1915*).

Publications de l'Association Nationale Française pour la Protection Légale des Travailleurs

EN VENTE CHEZ F. ALCAN, éditeur, 108, boulevard Saint-Germain
et Marcel RIVIÈRE, 31, rue Jacob

PREMIÈRE SÉRIE

Chaque br. : 0 fr. 60. L'ensemble de ces broch. forme un vol. de 3 f. 50 sous le titre :

LA PROTECTION LÉGALE DES TRAVAILLEURS

DEUXIÈME SÉRIE

LA DURÉE LÉGALE DU TRAVAIL. — *Des modifications à apporter à la loi de 1900.* — Rapports de MM. FAGNOT, MILLERAND et STROHL. — 1 vol., 2 fr. 50.

TROISIÈME SÉRIE

CINQUIÈME SÉRIE bis

Publications de la Section du Nord

I. *Les Caisses de chômage.* — Rap. de M. DE LAUWEYRENS DE ROOSENDAELE. — Br., 0 fr. 60.

II. *L'application dans le Nord et la Révision des Décrets de 1899 sur les conditions du travail dans les marchés publics.* — Rapports de MM. BARGERON et MASSON. — Brochure, 1 fr.

III. *Le travail de nuit des enfants dans les usines à feu continu.* — Rapport de M. LÉVÊQUE. — Brochure, 0 fr. 60.

IV. *La prévention des accidents sur les voies ferrées des usines.* — Rapport de M. LÉVÊQUE. — Brochure, 0 fr. 60.

V. *La lutte contre le chômage dans le Nord.* — Rapport de M. DE LAUWEYRENS DE ROOSENDAELE. — Brochure, 1 fr.

SIXIÈME SÉRIE

I. *Les Problèmes du Chômage.* — Rapports de MM. F. FAGNOT, Max LAZARD, Louis VARLEZ. — 1 volume, 2 fr. 50.

II. *La Réforme de la Procédure de la Mise en Demeure.* — Rapport de M. E. BRIAT. — 1 volume, 2 fr. 50.

III. *Le Travail de Nuit dans les Boulangeries.* — Rapport de M. Justin GODART. — 1 volume, 1 fr. 25.

IV. *Le Travail de nuit des enfants dans les usines à feu continu.* — Rapport de M. l'abbé LEMIRE. — Brochure, 1 fr.

V. *Les Maladies Professionnelles.* — Rapport de M. L.-J. BRETON. — Brochure, 1 fr.

VI. *Les Demandes reconventionnelles, devant le Conseil des Prud'hommes.* — Rapport de M. E. BRIAT. — Brochure, 1 fr.

VII. *Le Règlement amiable des Conflits du Travail.* — Rapports de MM. AFTALION, ARQ ENBOURG et FAGNOT — 1 volume, 2 fr. 50.

SIXIÈME SÉRIE bis

Publications de la Section du Nord

et II. *La Réglementation légale de la durée du travail des employés.* — Rapport de M. DEPITRE. — *La réduction du nombre des enfants employés la nuit dans les verreries.* — Rapport de M. LÉVÊQUE. — Brochure, 1 fr. 50.

III. *Le Placement et sa réorganisation.* — Rapports de MM. A. DODANTHUN et de LAUWEREYNS DE ROOSENDAELE. — Brochure, 1 fr. 50.

SEPTIÈME SÉRIE

I. *Le Minimum de salaire dans l'industrie à domicile.* — Rapports de MM. B. RAYNAUD, Comte A. DE MUN, Abbé MÉNY. — 1 volume, 2 fr. 50.

II. *La Protection de la Maternité ouvrière.* — Rapports de MM. Louis MARIN et Paul STRAUSS. — Brochure, 1 franc.

III. *De la sanction par l'autorité publique des accords entre chefs d'Entreprises commerciales et industrielles pour l'amélioration des conditions du travail.* — Rapports de MM. ARTAUD, DESLANDRES et Justin GODART. — Brochure, 1 fr.

L'Organisation du Travail dans les usines à feu continu. — Rapport présenté par M. DOULIN à l'Assemblée générale de Zurich, 1912. — Brochure, 1 fr.

NOUVELLE SÉRIE

Les publications de l'Association paraissent dorénavant en une série unique et ininterrompue

I. *La Réglementation du Travail dans les Usines à marche continue.* — Rapport de M. F. FAGNOT, 1913. — Brochure, 1 fr. 50.

II. *La Saisie-Arrêt des salaires et traitements.* — Rapport de M. Ch. GUERNIER, 1913. — Brochure, 1 fr.

III. *Les Accidents du Travail survenus aux enfants âgés de moins de treize ans.* — Rapport de M. Henri CAPITANT, 1913. — Brochure, 1 fr.

IV. *La Réglementation légale de la Convention collective de Travail.* — Rapport de M. Arthur GROUSSIER, 1913. — Brochure, 1 fr. 50.

V. *La Réglementation des Conditions de Sécurité et d'Hygiène dans les chantiers de construction.* — Rapport de M. BERNARD DÉCAILLY. Publication de la Section du Nord, 1913. — Brochure, 1 fr.

VI. *La Deuxième Conférence officielle de Berne (Travail de nuit des jeunes ouvriers. — Journée de 10 heures).* — Rapport de M. A. MILLERAND, 1913. — Brochure, 1 fr.

VII. *Les Dérogations au repos collectif du dimanche.* — Rapport de M. Paul AUBRIOT, 1914. — Brochure, 1 fr.

VIII. *Les Veillées dans le commerce.* — Rapport de M. Charles VIENNET, 1914. — Brochure, 1 fr.

IX. *La Semaine anglaise. — Le Repos de l'après-midi du samedi.* — Rapport de M. Raoul JAY, 1914. — Brochure, 1 fr.

X. *La Maternité ouvrière et sa protection légale en France.* — Rapport de Mme Paul GEMÄHLING, 1915. — Brochure, 1 franc.

XI. *Le Minimum de salaire dans l'industrie du vêtement. — La loi du 10 juillet 1915,* par M. Raoul JAY, 1915. — Brochure, 0 fr. 50.

XII. *Les Actions en justice nées de la loi du 10 juillet 1915, sur le minimum de salaire.* — Rapport de M. Albert TISSIER, 1916. — Brochure, 1 fr.

——————— ·O· ———————

L'Association nationale française examine et discute dans ses réunions périodiques les questions de législation du travail à l'ordre du jour. Elle publie le compte rendu de ses discussions. Ces publications sont servies aux membres de l'Association.

Sont membres de l'Association les personnes et les sociétés qui considèrent la législation protectrice des travailleurs comme nécessaire et adhèrent aux statuts de l'Association.

La cotisation annuelle est fixée à 10 francs. Elle est réduite à 3 francs pour les personnes ou les sociétés qui ne demandent pas à recevoir les publications de l'Office international.

Les adhésions sont reçues par le trésorier de l'Association : M. Léon DE SEILHAC, délégué permanent du Musée social, 5, rue Las-Cases.

ORLÉANS. — IMP. AUGUSTE GOUT & Cie

www.ingramcontent.com/pod-product-compliance
Lightning Source LLC
Chambersburg PA
CBHW061246060726
47596CB00002B/467